Trennung

D1665068

Beobachter-Edition
5., vollständig überarbeitete Auflage, 2018
© 2005 Ringier Axel Springer Schweiz AG, Zürich
Alle Rechte vorbehalten
www.beobachter.ch

Herausgeber: Der Schweizerische Beobachter, Zürich
Lektorat: Käthi Zeugin, Zürich
Grafisches Reihenkonzept: fraufederer.ch
Umschlagillustration: illumueller.ch
Satz: Jacqueline Roth, Zürich
Druck: CPI Books GmbH, Ulm

ISBN 978-3-03875-162-5

Zufrieden mit den Beobachter-Ratgebern?
Bewerten Sie unsere Ratgeber-Bücher im Shop:
www.beobachter.ch/buchshop

Mit dem Beobachter online in Kontakt:

 www.facebook.com/beobachtermagazin

 www.twitter.com/BeobachterRat

DANIEL TRACHSEL

Trennung

Was Paare in der Krise regeln müssen

Ein Ratgeber aus der Beobachter-Praxis **Beobachter** EDITION

Der Autor

Dr. iur. **Daniel Trachsel** ist in Zürich als Rechtsanwalt tätig. Seine bevorzugten Arbeitsgebiete sind das Familien- und das Erbrecht sowie die Mediation. Daniel Trachsel ist auch Autor des Beobachter-Ratgebers «Scheidung», der mittlerweile in der 18. Auflage vorliegt.

Dank

Autor und Verlag danken dem Marie Meierhofer Institut für das Kind (www.mmi.ch) für den fachlichen Input. Ein besonderer Dank geht an die Rechtsanwälte Michael Bucher und Simon Mettler, Zürich, für die kritische Durchsicht und zahlreiche wertvolle Hinweise.

Download-Angebot zu diesem Buch

Unter www.beobachter.ch/download (Code 0352) finden Sie alle Mustertexte und Berechnungsschemas in diesem Buch. Sie können sie herunterladen und selber bearbeiten.

Inhalt

Vorwort 11

1 Überlegungen vor der Trennung 13

Innehalten und Klarheit gewinnen 14
Den eigenen Standort bestimmen 14
Trennung oder gleich die Scheidung? 17
Wie lange soll die Trennung dauern? 19
Die Kinder im elterlichen Konflikt 20

Verschiedene Arten des Auseinandergehens 24
Einigkeit über die Trennung 24
Trennung gegen den Willen des Ehepartners 25

Schutz vor bösen Überraschungen 29
Bleiben Sie im Gespräch 30
Wichtige Unterlagen und Belege sammeln 31
Bankvollmachten überprüfen und Vermögenswerte sperren 33
Die berufliche Situation klären 35
Wenn Gewalt droht 36
Angst vor einer Entführung der Kinder 38

2 Die Regelungen für die Kinder 41

So helfen Sie Ihren Kindern in der Trennungszeit 42
Reaktionen richtig einordnen 42
Schuldgefühle und Loyalitätskonflikte 46

Bei wem leben die Kinder? 49
Wichtige Begriffe im Kindesrecht 49
Gemeinsam die beste Lösung finden 51
Geteilte Obhut? 54
Wenn das Gericht die Obhut zuteilen muss 56

Kontakt mit den Kindern: die Betreuungsanteile der Eltern ... 59
Die Betreuung gestalten 60
Keine Konflikte um den persönlichen Kontakt 63

Der Unterhalt für die Kinder 65
Neue Berechnung des Kinderunterhalts 65
Wie hoch sind die Unterhaltsbeiträge? 68
Unterhalt für volljährige Kinder 72

Die Rechte der Kinder im Verfahren 75
Das Recht auf persönliche Anhörung 75
Der Vertretungsbeistand 77
Besonderer Schutz im Verfahren 77

❸ Der Unterhalt während der
Trennungszeit 81

Gemeinsam zu einer fairen Regelung 82
Individuelle Lösungen sind gefragt 83
Die Auskunftspflicht 84

In drei Schritten zum richtigen Unterhaltsbeitrag 86
Bisherige Rollenverteilung oder beruflicher Wiedereinstieg? 87
1. Schritt: Wie hoch sind die Einkünfte auf beiden Seiten? 88
2. Schritt: Wie hoch sind die Lebenshaltungskosten
beider Haushalte? 98

3. Schritt: Wie hoch ist der Unterhaltsbeitrag? 106
Wenn noch Geld übrig ist 108
Was gilt, wenn zu wenig Geld vorhanden ist? 110
Unterhaltsbeiträge und Teuerung 111
Wann gibt es keine Unterhaltsbeiträge? 112

❹ Wohnung, Vermögen und weitere Themen 115

Wer bleibt in der Wohnung? 116
Rechte und Pflichten der Seite, die in der Wohnung bleibt 117
Gedanken zur neuen Wohnung 119
Schutz für die Familienwohnung 120
Wer erhält was vom Hausrat? 121

Was geschieht mit dem ehelichen Vermögen? 123
Weiterhin wirtschaftlich verbunden 123
Wie sinnvoll ist eine Gütertrennung? 125
Ein Inventar verhindert Streit 128
Wer haftet für welche Schulden? 128
Trennung und Steuern 130

Trennung und Altersvorsorge 132
AHV und IV 133
Pensionskasse und Säule 3a 134

Trennung und Erbrecht 137
Vertrag bleibt Vertrag 138

5 Das Trennungsverfahren 141

Trennung ohne Gericht 142
Schriftliche Vereinbarung über das Getrenntleben 142
Chancen und Risiken aussergerichtlicher
Trennungsvereinbarungen 145
Empfehlenswert: gerichtliche Genehmigung
der privaten Vereinbarung 148
Mediation – ein aussergerichtlicher Weg der Konfliktlösung 150

Einen Anwalt einschalten? 152
Die Zusammenarbeit mit dem Anwalt 153
Wie hoch sind die Kosten? 157

Wenn das Gericht entscheiden soll 159
Welches Gericht ist zuständig? 160
Das Verfahren vor dem Eheschutzgericht 162
Wie viel kostet das Gerichtsverfahren? 168
Nicht einverstanden mit dem Entscheid des Gerichts 169

Wenn sich binationale Paare trennen 171
Unterschiedlicher kultureller Hintergrund 171
Schweizer oder ausländisches Gericht? 173
Die Kinder halten sich im Ausland auf 175
Was gilt für das Aufenthaltsrecht in der Schweiz? 177

6 Nach der Trennung 181

Probleme mit den Finanzen 182
Anspruch auf Arbeitslosentaggeld? 182
Sozialhilfe und Unterstützungsbeiträge 184
Wenn die Alimente nicht bezahlt werden 187

Alimente neu berechnen 192
Unterhalt und neue Partnerschaft 194

Kinder zwischen zwei Haushalten 195
Kinder brauchen verlässliche Bezugspersonen 196
Wenn die Kinder den Kontakt abbrechen 198
Wer ist bei Problemen zuständig? 199
Häufiger Konfliktpunkt: der persönliche Kontakt 200
Wenn ein Elternteil ins Ausland zieht 203

Wieder zusammenziehen 204
Dauerhaft oder bloss ein Aussöhnungsversuch? 204
Bessere Chancen für den neuen Start 206

Die Trennung mündet in die Scheidung 208
Die bisherigen Regelungen nehmen viel vorweg 209

Anhang 213

Muster einer ausführlichen Trennungsvereinbarung 214
Nützliche Adressen 220
Beobachter-Ratgeber 232

Vorwort

Wenn Sie und Ihr Partner, Ihre Partnerin nur noch streiten, keinen Weg mehr zueinander finden, verhilft eine Trennung zur nötigen Distanz. So können sich beide in Ruhe klar werden, ob es gemeinsam weitergehen kann. Auch aus rechtlichen Gründen kann eine Trennung nötig werden. Denn eine Scheidung gegen den Willen des Ehemanns, der Ehefrau ist erst möglich, wenn man zwei Jahre getrennt gelebt hat.

Wollen Sie sich trennen, sehen Sie sich mit einer Vielzahl von Fragen konfrontiert. Wer darf in der Wohnung bleiben? Wer braucht wie viel Geld? Was geschieht mit den Kindern? Und wie schützt man sich, wenn böswillige Machenschaften zu befürchten sind?

Dieser Ratgeber hilft Ihnen, faire und tragfähige Lösungen für Ihre Trennungszeit zu erarbeiten. Er zeigt, nach welchen Kriterien das Eheschutzgericht entscheidet, wenn Sie selber keine Einigung finden. Mittlerweile hat die Rechtsprechung präzisiert, wie der Betreuungsunterhalt für die Kinder, der seit Januar 2017 in Kraft ist, berechnet wird. Auch gibt es neuere Urteile zur gemeinsamen oder alternierenden Obhut. Vor allem aber hat das Bundesgericht im September 2018 einen wegweisenden Entscheid zum Ehegattenunterhalt gefällt. Alle Neuerungen sind in diese fünfte Auflage eingeflossen.

Etwas sollten Sie bei Ihren Abmachungen nicht ausser Acht lassen: Was Sie jetzt vereinbaren, nimmt – falls es später zur Scheidung kommt – in vielen Punkten die endgültige Regelung bereits vorweg. Es lohnt sich deshalb, die Trennung sorgfältig vorzubereiten und sich bei Unsicherheiten von Fachleuten beraten zu lassen.

Dieser Ratgeber will Ihnen ein Wegweiser in Krisenzeiten sein. Wenn er Ihnen hilft, eine faire Lösung für alle Familienmitglieder zu finden, dann hat er sein Ziel erreicht.

Daniel Trachsel
November 2018

1

Überlegungen
vor der Trennung

Innehalten und Klarheit gewinnen

Hier geht es um Ihre Standortbestimmung: Wo stehe ich in unserer Ehe, was verspreche ich mir von einer Trennung? Was können wir tun, um die Kinder nicht zu sehr zu belasten?

Wenn mehrere Menschen in einem so engen Rahmen zusammenleben, wie ihn eine Ehe oder eine Familie bildet, ist von vornherein damit zu rechnen, dass die verschiedenen Bedürfnisse und Wünsche nicht immer im Einklang stehen. Wie verhalten sich die Eheleute, wenn er etwas anderes will als sie? Wie werden Konflikte ausgetragen? Setzt sich immer der oder die «Stärkere» durch und entsteht bei der übergangenen Seite mit der Zeit ein Groll, der sich irgendwann entlädt? Wird so lange diskutiert oder lustvoll gestritten, bis eine für die ganze Familie akzeptable Lösung gefunden ist? Oder bleiben die Probleme ungelöst im Raum stehen?

Den eigenen Standort bestimmen

Die Gründe, die eine Trennung (oder Scheidung) schliesslich als einzigen Ausweg erscheinen lassen, sind vielfältig. Ihnen sorgfältig nachzugehen und insbesondere die eigene Rolle im ehelichen Geschehen kritisch zu hinterfragen, ist auf jeden Fall empfehlenswert. Weichen Sie dieser Analyse nicht aus. Eine Trennung ist ein intensiver Ablösungsprozess, der oft Jahre dauert und sich auf mehreren Ebenen – auf der psychologischen, der moralisch-ethischen, der sozialen und der rechtlichen – abspielt.

Gerade weil es heute sehr einfach ist, eine Trennung einseitig zu erwirken, lohnt es sich, vor einem derart einschneidenden Schritt innezuhalten, den eigenen Standort zu bestimmen und die Implikationen für die ganze Familie sorgfältig abzuwägen. Habe ich wirklich alles getan, was zur Rettung meiner Ehe nötig ist oder möglich wäre? Können wir unserer Beziehung neue Impulse geben?

Wenn ein Partner fremdgeht

Droht eine Ehe zu zerbrechen, weil sich eine Seite einem anderen Partner zugewendet hat, dann ist die Gefahr besonders gross, dass der Konflikt ausser Kontrolle gerät. Frisch verliebt will man möglichst rasch und endgültig zu neuen Ufern aufbrechen; zurück bleibt ein verletzter Mensch, der zunächst vor allem aus dem Gefühl der Verlassenheit heraus reagiert. Dass die inneren Entwicklungs- und Ablösungsprozesse der Beteiligten nicht übereinstimmen, ist eine der wichtigsten Ursachen für schwierige, destruktiv verlaufende Trennungsprozesse. Ob man selber geht oder verlassen wird, ist ein wesentlicher Unterschied.

Es ist ausserordentlich wichtig, dass Sie und Ihr Partner, Ihre Partnerin sich gegenseitig die nötige Zeit einräumen, um «nachzuziehen» und innerlich das Scheitern der Ehe zu verarbeiten. Gelingt dies nicht, wird eine Seite in Zorn und Verletztheit verharren und danach trachten, der anderen auf den verbleibenden Kampfplätzen – also bei den Finanzen und/oder den Kinderfragen – möglichst grossen Schaden zuzufügen. Ein kostenintensiver, nervenzehrender Prozess ist programmiert.

Hilfe annehmen

Lässt sich eine aus dem Lot geratene Ehe allenfalls mit Hilfe von aussen retten? Verstrickt in ihrem Paarkonflikt, nehmen Mann und Frau die Situation kaum mehr objektiv wahr. Im Teufelskreis von Streitereien und Schuldzuweisungen wird oft nur noch reagiert. Unabhängige, kompetente Fachpersonen können wieder Distanz schaffen und helfen, neue Perspektiven zu entwickeln. Eine Paartherapeutin kann eine Art Hilfsbrücke bilden, über die die zerstrittenen Partner den unterbrochenen Weg zueinander wieder finden. Steht ein Paar jedoch bereits kurz vor dem Auseinandergehen, erhält die Therapie eine andere Bedeutung: Argumente für oder gegen die Trennung müssen formuliert werden – eine Entscheidung steht im Raum, aber sie ist noch nicht reif. In dieser Ambivalenzphase beschliessen Eheleute oft eine befristete Trennungszeit. Eine Therapie kann dann helfen, einen letzten gemeinsamen Versuch zu wagen – vorausgesetzt, es besteht noch eine minimale Bereitschaft, wieder aufeinander zuzugehen. Wenn nicht, wird schnell klar werden, dass der Weg Richtung Scheidung führt.

! **TIPP** *Es lohnt sich, Hilfe von ausgebildeten Fachleuten zu suchen. Den Freundinnen und Bekannten, zu denen Sie im ersten Moment vielleicht eher den Weg finden, fehlt die nötige Unabhängigkeit. Adressen von Eheberatungsstellen finden Sie im Anhang.*

Finanzielle Kriterien

Ob es zu einer Trennung kommt oder nicht, ist ein ganz persönlicher Entscheid, den Ihnen niemand abnehmen kann. Sie können ihn besser fällen, wenn Ihnen sämtliche Entscheidungsgrundlagen bekannt sind – je genauer, desto besser. Machen Sie sich vor allem auch ein möglichst exaktes Bild über die finanziellen Konsequenzen einer Trennung. Eigentlich könnten es sich viele Ehepaare gar nicht leisten, auseinanderzugehen. Zwei Haushalte kosten bis zu 40 Prozent mehr als einer. Damit wird die Trennung – und später die Scheidung – zu einem bedeutsamen Armutsrisiko, vor allem für Familien mit Kindern. Was als Aufbruch in die grosse Freiheit geplant war, findet nicht selten sehr schnell deutlich spürbare finanzielle Grenzen.

Trennung oder gleich die Scheidung?

Eine Scheidung spielt sich immer vor Gericht ab. Auch wenn sich die Eheleute über sämtliche scheidungsrechtlichen Nebenfolgen – die Kinderbelange, den Unterhalt, das Güterrecht und die Austrittsleistungen bei der Pensionskasse – einig sind, kann die Ehe nur durch ein Gericht rechtsgültig aufgelöst werden. Bei einer Trennung ist das anders: Sehr viele Ehepaare heben den gemeinsamen Haushalt für kürzere oder längere Zeit auf, um sich über die Tragfähigkeit ihrer Ehe Klarheit zu verschaffen. Solche Besinnungspausen werden meist aussergerichtlich geregelt, manchmal auch ohne schriftliche Vereinbarung einfach gelebt.

Wenn sich ein Paar über die Regelungen für die Trennungszeit nicht einigen kann, muss es sich nicht an das Scheidungs-, sondern an das Eheschutzgericht wenden. Dieses Gericht ist für sämtliche Massnahmen während einer bestehenden Ehe zuständig und kann beispielsweise die Eheleute ermahnen, bei Auseinandersetzungen über die Finanzen oder die gemeinsame Wohnung eingreifen, Kinderbelange regeln und über die Modalitäten bei einer Trennung entscheiden. Im Zentrum steht – wie schon der Name zeigt – die Vermittlung zwischen den Eheleuten.

Die Trennung geht in ihren rechtlichen Auswirkungen weniger weit als die Scheidung. Das Eheschutzgericht kann nur die im Gesetz ausdrücklich erwähnten Massnahmen anordnen. Die Übersicht auf der nächsten Seite zeigt, wo die Unterschiede liegen, und gibt Ihnen erste Hinweise auf den einzuschlagenden Weg.

 **BUCHTIPP**

Antwort auf alle Fragen, die sich im Zusammenhang mit einer Scheidung stellen, finden Sie in diesem Beobachter-Ratgeber: **Scheidung. Faire Regelungen für Kinder – gute Lösungen für Wohnung und Finanzen.** www.beobachter.ch/buchshop

TRENNUNG VERSUS SCHEIDUNG

Materie	Trennung	Scheidung
Beziehungsebene	Aufhebung des gemeinsamen Haushalts	Auflösung der Ehe
Kinder		
– Sorgerecht	Gemeinsames Sorgerecht	Gemeinsames Sorgerecht
– Aufenthalts-bestimmungsrecht	Bei beiden Eltern	Bei beiden Eltern
– Obhut	Bei einem Elternteil oder alternierend	Bei einem Elternteil oder alternierend
– Betreuung	Wird für die Trennungs-zeit geregelt	Wird bis zur Volljährigkeit geregelt
– Unterhalt	Wird für die Trennungs-zeit geregelt	Wird bis zum Abschluss der Erstausbildung geregelt
Wohnung		
– Eheliche Wohnung	Zuweisung der ehelichen Wohnung zur Benützung	Endgültige Zuweisung des Mietverhältnisses oder des Eigentums an der ehelichen Wohnung
Finanzielle Fragen		
– Güterrecht	Anordnung der Güter-trennung, wenn es die Umstände rechtfertigen	Durchführung der güter-rechtlichen Auseinander-setzung
– Pensionskassen-guthaben	In seltenen Fällen Siche-rungsmassnahmen, sonst keine Zuständigkeit	Aufteilung der während der Ehe angesparten Pensions-kassenguthaben
– Ehegattenunter-halt	Festsetzung des Unter-halts für die Trennungszeit	Festsetzung des nachehe-lichen Unterhalts, inklu-sive einer angemessenen Altersvorsorge
– Erbrecht	Besteht weiter	Fällt gemäss Gesetz weg

Wie lange soll die Trennung dauern?

Wenn Sie sich gemeinsam mit Ihrem Partner, Ihrer Partnerin auf eine Trennung einigen und das Eheschutzgericht gar nicht in Anspruch nehmen, sind Sie in der Bestimmung der Trennungsdauer frei. Sie können eine Frist abmachen oder auch eine Trennung auf unbestimmte Zeit vereinbaren. Oft wird es nach zwei Jahren so oder so eine Veränderung geben, weil dann eine Seite die Scheidung verlangen kann.

INFO *Auch wenn Sie eine bestimmte Trennungsdauer abgemacht haben, können Sie – wenn beide einverstanden sind – jederzeit wieder zusammenziehen.*

Muss das Eheschutzgericht entscheiden, wird es meist eine Trennung auf unbestimmte Zeit anordnen. Eine befristete Trennung hat den Nachteil, dass nach Ablauf der festgelegten Zeit die eheschutzrichterlichen Massnahmen automatisch dahinfallen. Dauert die Trennung dann doch länger und stellt beispielsweise der Ehemann die Unterhaltszahlungen ein, kann ihn die Frau trotz Gerichtsentscheid nicht mehr betreiben. Sie muss sich wieder ans Gericht wenden und neue Massnahmen verlangen.

Aus demselben Grund empfiehlt es sich, die eigene aussergerichtliche Vereinbarung ebenfalls auf unbestimmte Zeit abzuschliessen. Denn wenn Sie eine feste Frist vereinbaren, verliert nach deren Ablauf auch die private Vereinbarung ihre Gültigkeit, was meist nicht erwünscht ist. Falls Sie sich doch auf eine feste Trennungsdauer einigen, sollten Sie zumindest festhalten, dass nach dem Ablauf die Vereinbarung automatisch weitergilt, wenn Sie zu diesem Zeitpunkt nicht wieder zusammenleben.

Das gilt auch dann, wenn Sie sicher sind, dass auf die Trennung nach zwei Jahren eine Scheidung folgt. Niemand kann vorhersagen, wie lange das Scheidungsverfahren dauern wird, sodass es im Interesse beider Seiten ist, wenn die Abmachungen für die Trennungszeit vorläufig weitergelten.

Die Kinder im elterlichen Konflikt

Die Spannungen zwischen den Eltern bleiben den Kindern nicht verborgen. Bei verbalen Auseinandersetzungen am Esstisch sind sie stumme Zuhörer, sie nehmen Partei oder versuchen, den Streit zu schlichten. Kinder hören die Streitereien der Eltern auch durch geschlossene Türen. Wenn Konflikte «unter dem Deckel gehalten» werden, die Eltern sich anschweigen und sich aus dem Weg gehen, erleben das die Kinder ebenso mit. Sie nehmen «dicke Luft» genau wahr. Häufen sich die Auseinandersetzungen der Eltern, werden Kompromisse seltener als Lösungen begriffen; der Stresspegel steigt.

- Ein **Säugling** nimmt Konflikte der Eltern als Störung des gewohnten Rhythmus wahr. Werden seine Bedürfnisse von der Mutter nicht wie üblich sofort befriedigt, weil sie abgelenkt ist vom Streit mit dem Partner, reagiert das Kind ängstlich; es fühlt sich bedroht.
- **Kleinkinder** reagieren körperlich, werden anfälliger für Infekte, zeigen Probleme mit der Verdauung. Psychisches Unwohlsein äussert sich in häufigerem Weinen, erhöhter Reizbarkeit und Schlafstörungen. Auch Schwierigkeiten beim Aufbau eines gesunden Selbstvertrauens können eine Folge sein.
- **Vorschulkinder** begreifen sich als Mittelpunkt der Welt, sie leben egozentrisch und haben keine Möglichkeit, die Perspektiven anderer einzunehmen. Das führt dazu, dass das Kind sich als Mittelpunkt des elterlichen Konflikts erlebt und – im schlechten Fall – Schuldgefühle entwickelt.

Schon zweijährige Kinder sind konflikterprobt und versuchen, den Streit ihrer Eltern zu stoppen. Sie entwickeln Verhaltensformen, um die Auseinandersetzungen von Vater und Mutter zu dämpfen, was aber ihrem Wohlbefinden abträglich ist. Es darf nie Aufgabe der Kinder sein, die Konflikte der Erwachsenen zu regeln.

Wertet ein Elternteil den anderen ab, schieben sie sich gegenseitig die Rolle des Sündenbocks zu, stehen die Kinder dazwischen. Ist die Mutter böse und der Vater gut – oder umgekehrt? Wer hat recht mit seinen Anschuldigungen? Muss sich das Kind für eine Seite entscheiden oder kann es weiterhin Vater und Mutter gernhaben?

Kommt es zu einer Trennung, sind die Kinder oft erst einmal erleichtert, dass die Streitereien zwischen Vater und Mutter ein Ende nehmen. Auf die Frage, was nach der Trennung der Eltern anders sei, erwähnen viele Kinder und Jugendliche diesen Punkt als wichtige Veränderung.

Die Kinder heraushalten

Es gibt einen Grundsatz, an den sich die Eltern – komme, was wolle – halten sollten: Alles, was die Ehe betrifft, ist ausschliesslich Angelegenheit der Erwachsenen. Die Kinder müssen wissen und erfahren, dass sie keine Möglichkeit haben, auf die Ehe der Eltern Einfluss zu nehmen. Sonst auferlegen sie sich eine Verantwortung, die nicht die ihre ist und die sie nicht tragen können.

Ob und wie die Eltern streiten, ist weniger wichtig, als den Kindern immer wieder die klare Botschaft zu vermitteln, dass es sich beim Konflikt zwischen Mutter und Vater um eine Angelegenheit handelt, die nur diese beiden angeht. Informieren Sie die Kinder, dass Sie als Erwachsene miteinander Schwierigkeiten haben, aber ziehen Sie sie nicht in Ihre Auseinandersetzung hinein. Es ist sehr verlockend, im Sohn einen Bundesgenossen, in der Tochter eine Vermittlerin zu suchen. Die Kinder, die sich die familiäre Existenzgrundlage wenn immer möglich erhalten wollen, bieten sich als «Mitspieler» im elterlichen Streit durchaus an.

Ersparen Sie Ihren Kindern solch sinnlose und schädliche Loyalitätskonflikte und übernehmen Sie die Verantwortung für Ihre Angelegenheiten selbst. Sie können als Eltern auch beim Streiten ein wichtiges Vorbild sein.

Das Recht der Kinder auf eine eigene Krise

Zwar geht die Trennung von den Eltern aus, die Kinder und Jugendlichen sitzen jedoch mit im Boot und reagieren auf die Umgestaltungsprozesse der Familiensituation. Vorübergehend verlieren sie den Boden unter den Füssen und geraten in eine Krise.

Das kann mühsam sein: Als Vater oder Mutter stecken Sie selbst in einer belastenden Situation und brauchen den Rest Ihrer Kräfte für die Gestaltung neuer Lebensperspektiven. Da kommen auffällige Reaktionen von Kindern äusserst ungelegen. Doch es ist wichtig, dass Kindern und Jugendlichen in diesen Phasen die eigene Krise zugestanden wird. Versuchen Sie trotz der eigenen schwierigen Lage, das Augenmerk auf Ihre Kinder zu richten, Verhaltensänderungen zu registrieren und diese auch anzusprechen. Kindern und Jugendlichen tut es gut, zu wissen, dass die Eltern ihre Probleme wahrnehmen. Sie fühlen sich unterstützt und respektiert, wenn Vater und/oder Mutter sie auf Verhaltensänderungen ansprechen und ihnen Gelegenheit geben, die eigenen Gefühle zu äussern.

Wie sagen wirs den Kindern?

Wenn die Eltern beschliessen, getrennte Wege zu gehen, ist die Zeit reif für ein Gespräch mit den Kindern. Schon Vorschulkinder verstehen, worum es geht. Wenn immer möglich, informieren Mutter und Vater die Kinder gemeinsam über die bevorstehenden Veränderungen. Versuchen Sie, Ihren Kindern – selbstverständlich in altersgerechter Form – zu erklären, weshalb Sie sich für ein bestimmtes Modell der Kinderbetreuung entschieden haben, und nehmen Sie ihre Einwände ernst.

Für die Kinder ist es in erster Linie wichtig, zu erfahren, wie das veränderte Familienleben weitergeht. Kinder wollen wissen, wo sie wohnen, ob sie ihre Freunde behalten können, ob sie weiterhin im Jugendorchester mitspielen können, wann sie den wegziehenden Elternteil sehen werden.

DIE ELTERN VON MARCO UND PASCAL streiten sich täglich; die Söhne halten es kaum mehr aus zu Hause. Vor den Sommerferien trifft sich die Familie zu einem Gespräch am Küchentisch. Vater und Mutter erklären den Söhnen, dass sie sich nicht mehr vertragen, ihre häufigen Konflikte nicht beilegen können und sich daher für einige Zeit trennen wollen. Der Vater werde ausziehen und eine Wohnung in der Nähe suchen. Es sei ihnen wichtig, dass Marco und Pascal beide Zuhause selbständig erreichen und den Vater auch in Zukunft regelmässig sehen könnten.

Die Söhne sind erleichtert, dass die täglichen Streitereien ein Ende haben sollen. Sie sind aber auch verunsichert: Was bedeutet das für uns? Bleiben wir hier wohnen? Wann sehen wir den Vater? Vor allem für Marco ist dies ein Problem, weil er am Wochenende regelmässig Wettkämpfe zu bestreiten hat. Pascal hat Bedenken, ob er eine enge Bindung zu beiden Eltern behalten kann. Gemeinsam überlegen Eltern und Söhne, wie die Probleme gelöst werden können.

Jugendliche ab etwa dem zwölften Altersjahr sollten Sie in einer umfassenderen Weise mit in die Entscheidungen einbeziehen. Sie haben ein Mitspracherecht, wenn es darum geht, bei wem sie in Zukunft wohnen werden und wie die Betreuung organisiert werden soll.

TIPP *Lassen Sie Ihre Kinder deutlich spüren, dass sie in keiner Weise am Auseinandergehen der Eltern schuld sind, dass Vater und Mutter sie unvermindert gernhaben und sich auch nach der Trennung beide um sie kümmern werden.*

Verschiedene Arten des Auseinandergehens

Für die meisten Ehepaare steht in einer ehelichen Krise nicht gleich fest, ob die Trennung einen vorläufigen Charakter hat oder ob der endgültige Schlussstrich gezogen werden soll. Klar ist nur, dass im Moment das Zusammenleben unerträglich ist.

Welche Wege stehen offen? Je nachdem, ob Sie beide eine Trennung als sinnvoll ansehen oder nicht, werden Sie anders vorgehen.

Einigkeit über die Trennung

Wenn sich Eheleute einig sind, dass sie für eine gewisse Zeit getrennte Wege gehen wollen, können sie den gemeinsamen Haushalt mit oder ohne Mitwirkung eines Gerichts aufheben.

- **Aussergerichtliche Trennung:** Die einfachste Variante ist die Trennung im gegenseitigen Einvernehmen ohne Mitwirkung eines Gerichts. Eine solche aussergerichtliche Trennung können Sie mündlich oder schriftlich vereinbaren – für eine bestimmte Zeit oder auch auf Zusehen hin. Sind Sie beide einverstanden, können Sie auch ohne Weiteres jederzeit wieder zusammenziehen. Abgesehen von ganz einfachen Verhältnissen empfiehlt es sich, die Modalitäten des Getrenntlebens schriftlich festzuhalten (Beispiele auf Seite 143 und 144 sowie im Anhang).
- **Trennung durch das Eheschutzgericht:** Können Sie sich nicht einigen, wer von Ihnen die Kinder bei sich behält, wer in der Wohnung bleibt und ob eine Seite Unterhaltszahlungen erhalten soll,

werden Sie das Eheschutzgericht anrufen müssen. Dieses entscheidet in einem einfachen, raschen Verfahren und regelt alle Trennungsfolgen. Wie Sie am besten vorgehen, wenn Sie über wichtige Punkte nicht einig sind, ob Sie für das gerichtliche Verfahren eine Anwältin benötigen oder ob Ihnen eine Mediation helfen kann, das alles lesen Sie ab Seite 150 und 152.

Trennung gegen den Willen des Ehepartners

Er will zu seiner neuen Liebe ziehen, sie will den Kindern eine intakte Familie erhalten. Oder: Sie hält die täglichen Reibereien nicht mehr aus, er findet alles halb so schlimm. Nicht immer sind beide Seiten mit einer Trennung einverstanden. Wie lässt sich das Getrenntleben notfalls gegen den Willen des Partners, der Partnerin durchsetzen?

Trennung als Vorstufe zur Scheidung

Rechtlich einfach präsentiert sich die Situation, wenn Sie selber im Grunde eine Scheidung wollen, Ihr Partner, Ihre Partnerin damit aber nicht einverstanden ist. Dann können Sie sich auf das Scheidungsrecht berufen. Dieses kennt drei Scheidungsgründe:

- In erster Linie setzt das Gesetz auf die «Scheidung auf gemeinsames Begehren».
- Wer sich gegen den Willen seines Ehegatten scheiden lassen will, muss zuerst zwei Jahre lang getrennt leben und kann anschliessend eine Scheidungsklage einreichen (Art. 114 ZGB). Nach Ablauf der zweijährigen Frist besteht ein Anspruch auf Scheidung – auch wenn dies für die andere Seite etwa wegen der Kinder oder aus sozialversicherungsrechtlichen Gründen eine grosse Härte bedeutet.
- Zwar kennt das Gesetz auch eine Scheidung wegen Unzumutbarkeit: Ein Ehegatte kann – ohne Abwarten der zweijährigen Trennungsfrist – die Scheidung verlangen, wenn ihm die Fortsetzung

der Ehe aus schwerwiegenden Gründen nicht zugemutet werden kann. Doch es braucht sehr viel, bis eine Unzumutbarkeit im Sinn des Gesetzes bejaht wird. In den allermeisten Fällen wird eine Trennungszeit von zwei Jahren als zumutbar betrachtet.

Mit dem Argument, Sie wollten die Trennungsfrist von Artikel 114 ZGB beginnen lassen, können Sie eine Aufhebung des gemeinsamen Haushalts verlangen. Eine weitere Begründung ist nicht erforderlich. Es genügt, dass Sie klipp und klar eine Trennung im Hinblick auf die spätere Scheidung verlangen. Ziehen Sie mit dieser Begründung von zu Hause aus, kann dies nicht als «böswilliges Verlassen» gewertet werden und zieht keine Rechtsnachteile nach sich. Sie brauchen für einen solchen Auszug auch keine gerichtliche Genehmigung.

Getrennt leben heisst im Normalfall, an zwei verschiedenen Adressen zu wohnen. Zwar schliesst das Gesetz ein Getrenntleben innerhalb eines Hauses oder allenfalls sogar innerhalb einer Wohnung nicht gänzlich aus, doch dürfte dies in den meisten Fällen aus praktischen Gründen scheitern. Zudem wäre es – sollte eine Seite die Trennung plötzlich bestreiten – äusserst schwierig, zu beweisen, dass es sich um ein effektives Getrenntleben gehandelt hat.

INFO *Es gibt auch andere Gründe als eine gestörte eheliche Beziehung, weshalb ein Paar getrennt lebt: beispielsweise Arbeitsorte, die weit auseinanderliegen, oder ein längerer Aufenthalt des einen Partners in einem Pflegeheim. Eine solche Trennung wird nicht als Vorstufe zur Scheidung betrachtet und würde nicht an die Zweijahresfrist angerechnet.*

Was gilt, wenn ein Ehepaar während der Trennungszeit versuchsweise wieder zusammenlebt? Kurze Versuche des Zusammenlebens zu Versöhnungszwecken, die einige Tage oder wenige Wochen dauern, unterbrechen die Frist nicht. Leben die Gatten allerdings wieder mehrere Monate zusammen und trennen sie sich dann erneut, beginnt die Zweijahresfrist von vorn (siehe Seite 204).

Die Regelungen für die Kinder, die Wohnungszuteilung und die Unterhaltsbeiträge während des zweijährigen Getrenntlebens können die Eheleute selbständig aushandeln und in einer Vereinbarung festhalten. Die meisten Paare in dieser Situation werden sich allerdings kaum selber einigen können, sondern das Eheschutzgericht anrufen, das dann die nötigen Anordnungen trifft.

ACHTUNG *Wenn Sie sich ohne Hilfe des Gerichts trennen, sollten Sie mindestens den Zeitpunkt, zu dem das Getrenntleben beginnt, schriftlich festhalten. So steht ohne jeden Zweifel fest, wann die Zweijahresfrist abgelaufen ist.*

Trennung als Besinnungspause

Weniger eindeutig ist die rechtliche Lage, wenn Sie zwar noch keine definitive Scheidungsabsicht haben, aber doch eine Trennung brauchen – die Ihre Ehefrau nicht will. Oder wenn Ihr Gatte die Scheidung durchsetzen will und sich auf den Standpunkt stellt, es brauche gar keine vorgängige Trennung, wie Sie es wünschen. Wie begründet man, dass man vorerst nur eine Besinnungspause will?

Artikel 175 ZGB zählt auf, welche Gründe jemanden berechtigen, auch gegen den Willen des Ehemanns, der Ehefrau getrennt zu leben. Doch was bedeutet dies konkret? Die Gerichte haben etwa in folgenden Fällen Trennungsbegehren gutgeheissen:

DIE TRENNUNGSGRÜNDE IN ARTIKEL 175 ZGB

Ein Ehegatte ist berechtigt, den gemeinsamen Haushalt für solange aufzuheben, als seine Persönlichkeit, seine wirtschaftliche Sicherheit oder das Wohl der Familie durch das Zusammenleben ernstlich gefährdet ist.

- Zunächst versteht es sich von selbst, dass Tätlichkeiten oder grobe Beschimpfungen einen Trennungsgrund darstellen.
- Auch wenn Teilnahmslosigkeit, Schikanen oder ständige Nörgeleien des Partners, der Partnerin Sie so sehr belasten, dass Sie an nervösen Störungen, Migräne, Magengeschwüren oder anderen Krankheiten zu leiden beginnen, können Sie eine Trennung verlangen.
- Unterhält eine Seite eine ehebrecherische Beziehung, kann die andere eine Aufhebung des gemeinsamen Haushalts verlangen.
- Setzt der Ehemann seine Frau unter Druck, indem er das Haushalts- oder das Taschengeld von ihrem «Wohlverhalten» abhängig macht, kann sie die Trennung verlangen.
- Eine Trennung wird auch bewilligt, wenn der Alkoholmissbrauch eines Ehegatten für die Familie zu einer unzumutbaren Belastung führt. Das Gleiche gilt bei Drogenmissbrauch.
- Verwendet die Ehefrau ihr Einkommen ausschliesslich für ihre persönlichen Bedürfnisse, ohne den gesetzlich geforderten Beitrag zum Lebensunterhalt der Familie beizusteuern, oder verwendet sie das Haushaltsgeld zweckwidrig, ist dies ein Trennungsgrund.

MARIA J. WIRD VON IHREM MANN geschlagen. Der Arzt stellt diverse Blutergüsse fest. Frau J. flüchtet mit den Kindern zu ihren Eltern und reicht sofort ein Eheschutzbegehren ein. Kurze Zeit später stellt das Gericht die Berechtigung zum Getrenntleben fest und weist die eheliche Wohnung Frau J. und den Kindern zu. Der Ehemann wird verpflichtet, unverzüglich auszuziehen und angemessene Unterhaltsbeiträge zu bezahlen.

Was aber, wenn Sie keine solche Gefährdung geltend machen können? Es ist heute anerkannt, dass der Anspruch auf eine voraussetzungslose Trennung zum Kernbereich der persönlichen Freiheit gehört; niemand soll gezwungen werden, gegen seinen Willen in einer Ehegemeinschaft auszuharren. Wenn das Eheschutzgericht zur Überzeugung gelangt, dass der Trennungswille einer Seite gefestigt ist, wird es auf ihren Antrag hin das Getrenntleben ohne Weiteres regeln.

! **INFO** *Neben der hier beschriebenen Trennung durch das Eheschutzgericht gibt es auch eine zivilgerichtliche Trennung (Art. 117 und 118 ZGB). Dabei bleibt die Ehe zwar auf dem Papier bestehen, die Konsequenzen sind aber weitgehend dieselben wie bei einer Scheidung. Diese Art der Trennung ist sehr selten.*

Schutz vor bösen Überraschungen

Die Aufhebung des gemeinsamen Haushalts ist meist der Ausdruck einer akuten Krise. Die Emotionen gehen hoch und es besteht die Gefahr, dass Rachegefühle das Handeln bestimmen. Hinzu kommt eine existenzielle Verunsicherung: Was bedeutet für mich die Trennung in persönlicher, finanzieller und beruflicher Hinsicht? Wie gestaltet sich das Verhältnis zu den Kindern?

Nicht allen gelingt es in dieser Situation, einen ruhigen Kopf zu behalten. Doch: Was im unmittelbaren Vorfeld einer Trennung passiert, kann den Konflikt auf lange Zeit hinaus prägen und darüber entscheiden, ob eine allfällige spätere Scheidung einvernehmlich oder strittig abläuft. Die folgenden Ratschläge sollen Ihnen helfen, Kurzschlusshandlungen zu vermeiden und wenn nötig Vorsichtsmassnahmen zu treffen.

Bleiben Sie im Gespräch

In den Kapiteln 2, 3 und 4 ist dargestellt, was alles bei einer Trennung geregelt werden muss. Versuchen Sie, für diese Fragen gemeinsam eine Lösung zu finden. Ihre Partnerin, Ihr Partner sollte wenn immer möglich von Ihnen direkt – und nicht über Ihren Anwalt – erfahren, warum aus Ihrer Sicht eine Trennung unumgänglich ist. Versuchen Sie, den Konflikt eigenverantwortlich zu lösen. Es geht um Ihre Familie und Ihre Zukunft – wer, wenn nicht Sie, weiss, was für Ihre Ehe und Ihre Kinder am besten ist! Die Erfahrung zeigt, dass gemeinsam erarbeitete Lösungen tragfähiger sind als Regelungen, die autoritativ vom Gericht angeordnet werden.

Bedenken Sie, dass Sie trotz der Trennung (oder der späteren Scheidung) noch in vielfältiger Weise miteinander verbunden sein werden: Sie haben eine wichtige Zeit Ihres Lebens gemeinsam verbracht – ob Sie wollen oder nicht, Ihr Partner, Ihre Partnerin hat einen wesentlichen Teil Ihrer Biografie mitgeprägt. Zudem: Wenn Sie Kinder haben, ist das Ende Ihrer Ehe nicht das Ende der Familie. Sie müssen einen Weg suchen, wie Sie Ihre elterliche Verantwortung weiterhin wahrnehmen können. Gestärkt durch das Erfolgserlebnis einer gemeinsam erarbeiteten Lösung wird es Ihnen auch später eher möglich sein, Konflikte erfolgreich zu bereinigen.

Hier finden Sie Hilfe
Viele Paare würden ihre Probleme noch so gerne einvernehmlich lösen, fallen aber immer wieder in alte Streitmuster zurück. So finden Sie wieder zu einem konstruktiven Gespräch:
- Schlagen Sie eine Aussprache zusammen mit einem gemeinsamen Bekannten vor, zu dem Sie beide Vertrauen haben.
- Wenden Sie sich an eine Eheberatungsstelle (Adressen im Anhang).
- Wenden Sie sich an einen Psychologen, der Sie darin unterstützt, die Kommunikation während der Trennungszeit aufrechtzuerhalten.

- Schlagen Sie eine Mediation vor. Die Mediatorin, die auch über juristische Fachkenntnisse verfügen sollte, wird Sie dabei unterstützen, eine Konsenslösung zu finden, die die legitimen Interessen von Frau und Mann wahrt (siehe Seite 150).
- Konsultieren Sie gemeinsam einen Anwalt. Findet dieser das Vertrauen beider Seiten, kann er zusammen mit Ihnen eine Vereinbarung ausarbeiten, die Sie anschliessend dem Eheschutzgericht zur Genehmigung vorlegen können (siehe auch Seite 153).

INFO *Es geht nicht um ein alle Differenzen überkleisterndes Harmoniestreben. Nicht alle Konflikte lassen sich einvernehmlich lösen. Wenn sich die Standpunkte der Parteien unvereinbar gegenüberstehen, bleibt letztlich nur der Weg zum Eheschutzgericht. Die Richterin wird in einem weitgehend formlosen Verfahren versuchen, ins Gespräch mit beiden Eheleuten zu kommen und sie zu motivieren, sich gestützt auf einen gerichtlichen Vorschlag zu einigen. Misslingt dies, bestimmt das Gericht, was während der Trennung gelten soll.*

Wichtige Unterlagen und Belege sammeln

Wenn Sie beim Auseinandergehen mit Schwierigkeiten und Komplikationen rechnen, müssen Sie sich vorsehen. Es gibt eine ganze Reihe von Unterlagen, die Sie bereits im Vorfeld an sich nehmen sollten:

- Sichern Sie alle Ihre wichtigen **persönlichen Unterlagen** – falls notwendig, auch die der Kinder: Pass, Identitätskarte, Autopapiere, Schul- und Arbeitszeugnisse, Tagebücher, private Briefe etc.
- Im Zusammenhang mit der Unterhaltsberechnung ist der bisherige Lebensstandard ein sehr wichtiger Faktor. Die Eheleute haben – sofern dies finanziell möglich ist – grundsätzlich Anspruch darauf, während einer Trennung so zu leben, wie dies für die Familie bisher

üblich war. Wer Unterhaltsbeiträge verlangt, muss die bisherige Lebenshaltung zumindest glaubhaft machen können. Sammeln Sie deshalb **Belege zu den wichtigsten Ausgaben**: Mietvertrag; Rechnungen für Energie, Festnetzanschluss, Handy, TV, Radio, Internet; Versicherungs- und Krankenkassenprämien, Selbstbehalte; Auslagen für Optiker und Zahnarzt; Fahrkosten sowie möglichst konkrete Angaben, was jeweils für Essen, Kleider, Ferien und Freizeit ausgegeben wurde.

■ Kopieren Sie die vollständigen **Steuererklärungen** der letzten drei Jahre. Beschaffen Sie sich auch Belege – oder zumindest Kopien – zum Einkommen und Vermögen beider Seiten. Dazu gehören Lohnausweise, bei Selbständigerwerbenden die Erfolgsrechnungen und Bilanzen mindestens der letzten drei Jahre, Depot- und Bankauszüge, Versicherungspolicen etc. (siehe Zusammenstellung auf Seite 155).

■ Sind Sie aus gesundheitlichen Gründen in Ihrer Erwerbsfähigkeit eingeschränkt, sollten Sie möglichst früh mit Ihrem Arzt Kontakt aufnehmen, damit dieser ein fundiertes **Arztzeugnis** ausarbeiten kann (siehe auch Seite 95). Zeigen die Kinder Auffälligkeiten, die bei der Gestaltung des persönlichen Kontakts zum ausziehenden Elternteil berücksichtigt werden sollen, sollten Sie mit ihnen möglichst bald die Kinderärztin oder den Kinderpsychologen aufsuchen. Ärztliche Atteste, die erst wenige Tage vor der Gerichtsverhandlung eingeholt wurden, gehen meist wenig in die Tiefe und werden vom Gericht allenfalls als blosse Gefälligkeitsatteste qualifiziert.

TIPP *Wenn Sie aus der Wohnung ausziehen, lassen Sie die Post umleiten, damit Sie die für Sie bestimmten Sendungen auch wirklich erhalten. Strafbar kann sich im Übrigen machen, wer an den Ehepartner adressierte Postsendungen öffnet oder in dessen Computer herumschnüffelt und von den so erhaltenen Informationen im Ehestreit Gebrauch macht.*

Klarheit über die Finanzen

Wie weit Sie bei der Sicherung von Belegen über die Vermögensverhältnisse gehen wollen, müssen Sie selbst entscheiden. An sich sind Eheleute einander gegenseitig zur Auskunft verpflichtet, und in den meisten Fällen werden auch sämtliche relevanten Informationen anstandslos ausgetauscht.

Müssen Sie aber damit rechnen, dass Ihr Gegenüber nicht mit offenen Karten spielt, ist es gerechtfertigt, gezielt nach Unterlagen über nicht deklarierte Einkünfte und Vermögenswerte zu suchen und diese zu kopieren. Kein Gericht kann Ihnen weiterhelfen, wenn Sie bloss vermuten, dass irgendwo noch ein Konto oder Depot existieren könnte. Wissen Sie jedoch, bei welcher Bank es ist, oder kennen Sie gar eine Kontonummer, kann das Gericht direkt bei der Bank die nötigen Auskünfte einholen.

TIPP *Falls Sie keinen Zugriff auf die Steuererklärungen haben, können Sie Kopien beim Gemeindesteueramt anfordern. Voraussetzung ist aber, dass Sie noch gemeinsam besteuert werden und die Steuererklärungen beide unterzeichnet haben.*

Bankvollmachten überprüfen und Vermögenswerte sperren

Häufig geben Eheleute einander Vollmachten auf ihre Bankkonten. Trennen sie sich im Streit, besteht die Gefahr, dass die eine Seite unerlaubterweise Geld vom Konto der anderen abhebt. Da werden Sie sich überlegen, ob Sie Ihrem Mann, Ihrer Frau nicht die Vollmacht entziehen sollten.

Zurückhaltung ist angezeigt beim «Haushaltskonto», von dem die Ehefrau bisher regelmässig das Geld für den Alltag beziehen konnte. Sperrt es der Ehemann und Kontoinhaber unnötigerweise, giesst er bloss Öl ins Feuer des Ehestreits und handelt sich damit meist ein gerichtliches Verfahren ein. In vielen Fällen genügt es, den Kontosaldo auf den Betrag zu reduzieren, der für die monatlichen laufenden Bedürfnisse benötigt wird.

Wenn Sie über Konten verfügen, die auf den Namen von Mann und Frau lauten, sollten Sie sich bei der Bank nach Sicherungsmassnahmen erkundigen. Teilen Sie der Bank mit einem eingeschriebenen Brief mit, dass es sich dabei um eheliches Vermögen handelt, über das nur noch gemeinsam verfügt werden darf. Dann werden einseitige Bezüge nicht mehr zugelassen.

TIPP *Egal, welche Massnahmen Sie für nötig halten, handeln Sie schnell. Ist das Geld einmal abgezogen worden, kann es schwer oder gar unmöglich sein, es wieder zu bekommen.*

Vermögenswerte sperren?
Besteht die Gefahr, dass Ihr Ehemann, Ihre Frau eheliche Vermögenswerte verschleudert, um Sie zu schädigen, können Sie eine Sperre verlangen. Mit einer sogenannten superprovisorischen Massnahme kann das Eheschutzgericht in einem sehr schnellen Verfahren ohne Anhörung der Gegenpartei das Notwendige anordnen.

ALS SICH DIE TRENNUNG ABZEICHNET, will Martin Z. das Ferienhaus zu einem Schleuderpreis an seine Freundin verkaufen. Damit würde – sollte es später zur Scheidung kommen – der güterrechtliche Vorschlagsanteil seiner Ehefrau massiv gefährdet. Sabine Z. bekommt zufällig Wind von der Sache. Auf ihr Begehren erlässt das Eheschutzgericht eine sofortige Grundbuchsperre, die jede Verfügung über das Ferienhaus verunmöglicht.

Vage Befürchtungen, das eheliche Vermögen könnte gefährdet sein, genügen nicht für eine sichernde Massnahme. Sie müssen vor Gericht konkret nachweisen, dass Ihr Ehemann, Ihre Gattin Sie zu schädigen beabsichtigt. Auch müssen Sie dartun, dass damit Ihre rechtlich geschützten Ansprüche – etwa auf Unterhaltszahlungen oder auf eine faire güterrechtliche Auseinandersetzung bei einer späteren Scheidung – gefährdet sind. Sind solche sichernden Massnahmen erforderlich, sollten Sie so schnell wie möglich eine Anwältin beiziehen.

! **INFO** *Eine gerichtlich angeordnete Konten- oder Grundbuchsperre fällt nicht einfach dahin, wenn Sie und Ihr Mann, Ihre Frau das Zusammenleben wieder aufnehmen. Sie müssen beim Gericht ein Gesuch um Aufhebung stellen.*

Die berufliche Situation klären

Eine Trennung hat massive Auswirkungen auf die finanzielle Situation – vor allem für Ehepaare mit Kindern. Das Einkommen, das für einen Haushalt gut ausreichte, wird mit zwei Wohnungen arg strapaziert.

Was bedeutet das nun für eine Mutter, die bisher die Kinder betreute und den Haushalt führte und nicht oder nur mit kleinem Pensum erwerbstätig war? Die Gerichte betonen die «Eigenversorgungskapazität» deutlich stärker als früher. Mütter, die sich vor allem den Kindern und dem Haushalt gewidmet haben, müssen heute rascher (wieder) ins Erwerbsleben einsteigen oder ihr Teilzeitpensum aufstocken. Während bis vor Kurzem der hauptsächlich betreuende Elternteil in der Regel erst dann eine Teilzeitarbeit aufnehmen musste, wenn das jüngste Kind zehn Jahre alt war, wird heute bereits ab der obligatorischen Einschulung des jüngsten Kindes dem Grundsatz nach eine 50-prozentige Erwerbstätigkeit verlangt (siehe Seite 94).

Zusammen mit den weiteren Unsicherheiten, die mit einer Trennung verbunden sind, bedeutet dies eine grosse Herausforderung, der Sie sich möglichst früh stellen sollten.

TIPP *Sprechen Sie sich mit Ihrem Ehemann, Ihrer Frau ab und suchen Sie eine Lösung, die für Sie beide passt. Beispielsweise, dass Sie während der Suche nach einer neuen Stelle höhere Unterhaltsbeiträge erhalten, die dann reduziert werden, sobald Sie selber mehr Einkommen erzielen. Weitere Massnahmen, die Sie in diesem Zusammenhang ergreifen können, finden Sie auf Seite 96.*

Auch Ehemänner, die bisher zur Hauptsache für den Unterhalt der Familie aufgekommen sind, sollten sich frühzeitig über die berufliche Situation Gedanken machen. Hatten Sie beispielsweise schon länger vor, sich neu zu orientieren, eine Weiterbildung in Angriff zu nehmen, eine selbständige Erwerbstätigkeit aufzubauen oder Ihr Pensum zu reduzieren, dann tun Sie gut daran, Ihre Pläne möglichst lange vor der Trennung zu verwirklichen. Führt die berufliche Veränderung zu tieferen Einkünften und findet sie zeitgleich mit einer Trennung statt, besteht nämlich ein erhebliches Risiko, dass das Eheschutzgericht dies als böswillige Einkommensverminderung qualifiziert. Und dann wird Ihnen das frühere höhere Salär als hypothetisches Einkommen angerechnet und die Unterhaltszahlungen werden auf dieser Basis bestimmt.

TIPP *In der Regel wird Ihre Frau, Ihr Mann Ihre Pläne kennen. Versuchen Sie, eine schriftliche Erklärung zu erhalten, in der sie oder er der neuen beruflichen Ausrichtung ausdrücklich zustimmt.*

Wenn Gewalt droht

Haben Sie Angst, Ihrem Ehemann den Wunsch nach einer Trennung mitzuteilen, weil Sie damit rechnen müssen, dass er gewalttätig wird oder Sie verbal «fertigmacht»? Vielleicht helfen die folgenden Tipps:

- Teilen Sie Ihrem Mann Ihre Absicht brieflich mit, etwa während eines getrennt verbrachten Wochenendes.
- Bitten Sie eine Person, der Sie beide vertrauen, beim Gespräch anwesend zu sein.
- Schlagen Sie eine Paartherapie vor und sprechen Sie über die Trennung in diesem geschützten Rahmen.

Sind Sie bereits Opfer von Tätlichkeiten geworden, können Sie jederzeit und sofort aus der gemeinsamen Wohnung ausziehen. Die Kinder dürfen Sie mitnehmen. Wenn Sie in einer solchen Notsituation die Koffer packen, brauchen Sie keine gerichtliche Bewilligung und Sie verlieren auch nicht den Anspruch auf die Familienwohnung. Zuflucht finden Sie beispielsweise bei Freunden, bei Ihren Eltern – oder in einem der Frauenhäuser, die praktisch in jeder grösseren Stadt existieren.

INFO *Frauenhäuser bieten einen zusätzlichen Schutz, indem sie ihre Adressen nicht bekannt geben. Ein gewalttätiger Mann kann so weniger leicht den Aufenthaltsort von Frau und Kindern ausfindig machen. Frauenhäuser sind Tag und Nacht zu erreichen; die Telefonnummern finden Sie im Anhang.*

So können Sie sich schützen

Sind Sie von Gewalt betroffen, ist es wichtig, dass Sie sich entschieden wehren und nicht in die Opferrolle verfallen. Gesetze und Rechtsprechung stellen einen ganzen Katalog von Massnahmen zur Verfügung, die Sie und Ihre Kinder vor weiteren Übergriffen schützen können:

- In Fällen von häuslicher Gewalt, bei wiederholten Belästigungen, Auflauern und Nachstellen (Stalking) verfügen die Polizeiorgane heute über griffige Instrumente (Art. 28b ZGB und kantonale Gewaltschutzgesetze). So genügt ein Anruf bei der Polizei (Tel. 117), um einen gewalttätigen Ehemann, eine gewalttätige Gattin sofort aus der Wohnung oder dem Haus ausweisen zu lassen. Die Polizeibeamten können ihm oder ihr zudem verbieten, sich der ehelichen Wohnung auf weniger als 500 Meter zu nähern (Rayonverbot) oder mit der anderen Seite und den Kindern Kontakt aufzunehmen (Kontaktverbot).

- Ziehen Sie sofort aus und nehmen Sie die Kinder mit. Sie haben deshalb keine rechtlichen Nachteile zu befürchten.
- Suchen Sie sofort eine Ärztin auf und lassen Sie sich Verletzungen bescheinigen.
- Erstatten Sie Strafanzeige. Vor allem dann, wenn Sie Wiederholungen befürchten müssen, hat dies einen grossen präventiven Effekt. Heute bestehen praktisch in allen Kantonen spezialisierte Abteilungen, in denen eigens für diese Aufgabe ausgebildete Polizeibeamte und Staatsanwältinnen zum Schutz der betroffenen Frauen tätig sind.
- Mandatieren Sie unverzüglich einen Anwalt und beauftragen Sie ihn, sofort ans Eheschutzgericht zu gelangen. Das Gericht wird, wenn Übergriffe durch Polizeiberichte und/oder Arztzeugnisse belegt sind, mit grosser Wahrscheinlichkeit den gewalttätigen Ehegatten aus der ehelichen Wohnung weisen.
- Verlangen Sie alle Schlüssel zur ehelichen Wohnung oder wechseln Sie wenn nötig die Schlösser aus. Dies sollten Sie allerdings erst tun, wenn Ihnen das Gericht das alleinige Benützungsrecht zugewiesen hat.
- Haben Sie vom Gericht die Wohnung zugesprochen erhalten, können Sie Ihrem Ehemann mit eingeschriebenem Brief verbieten, die Räume zu betreten. Setzt er sich über ein solches Hausverbot hinweg, riskiert er eine Bestrafung wegen Hausfriedensbruchs.

Angst vor einer Entführung der Kinder

Rechtsanwälte, die sich mit Trennungen und Scheidungen befassen, konstatieren seit einigen Jahren eine Zunahme der Fälle von Kindesentführungen. Eine Gefahr kann besonders dann bestehen, wenn ein ausländischer Elternteil nach der Trennung in seine Heimat zurückkehrt und in diesem Kulturkreis ganz andere Kriterien für die Kinderzuteilung gelten. Müssen Sie ernsthaft eine Entführung Ihrer Kinder befürchten, können Sie vorbeugende Massnahmen ergreifen:

■ Verlangen Sie beim Eheschutzgericht eine klare Obhutsregelung und allenfalls ein «begleitetes Besuchsrecht». Dann findet der persönliche Kontakt im Beisein einer Drittperson statt.

■ Beantragen Sie bei der Regelung des persönlichen Kontakts geeignete Auflagen. Sie können zum Beispiel verlangen, dass der andere Elternteil seine Ausweispapiere beim Gericht oder bei einer anderen Stelle deponieren muss, während die Kinder bei ihm sind.

■ Lassen Sie die Kinder möglichst nicht unbeaufsichtigt. Begleiten Sie sie auf dem Weg zum Kindergarten oder zur Schule und zurück. Informieren Sie die Lehrerinnen und Lehrer sowie andere Betreuungspersonen. Schärfen Sie ihnen ein, dass sie die Kinder nur mit Ihnen oder genau bezeichneten Drittpersonen weggehen lassen.

■ Informieren Sie auch Ihre Kinder in geeigneter Form und besprechen Sie mit ihnen, wie sie sich am besten verhalten, wenn sie unfreiwillig über die Grenze gebracht werden sollen.

Wird Ihnen Ihr Kind vorenthalten oder wird es entführt, können Sie seine Herausgabe jederzeit gerichtlich verlangen; zudem handelt es sich dabei um einen Straftatbestand. Es gibt eine Reihe internationaler Abkommen, in denen sich viele Staaten gegenseitig Rechtshilfe und eine sofortige Rückführung der Kinder in den bisherigen Wohnsitzstaat zugesichert haben (siehe auch Seite 175).

TIPP *Der Rechtsschutz hat sich verbessert, doch in Einzelfällen kann es sehr schwierig werden, ein entführtes Kind zurückzuholen. Reagieren Sie schnell: Wenden Sie sich sofort an auf Fragen des internationalen Kindesrechts spezialisierte Anwälte und ans Bundesamt für Justiz (Zentralbehörde zur Behandlung internationaler Kindesentführungen, Adresse im Anhang).*

2

Die Regelungen
für die Kinder

So helfen Sie Ihren Kindern in der Trennungszeit

Die Trennung der Eltern trifft die Kinder in elementaren Lebensbereichen: An die Stelle alltäglicher, informeller Kontakte treten zeitlich fixierte Besuche oder eine definierte Betreuungszeit. Die Wohnsituation ändert sich und auch die finanzielle Situation ist meist nicht mehr dieselbe: Wünsche lassen sich nicht mehr so einfach erfüllen, und oft muss auch der betreuende Elternteil einer Erwerbsarbeit nachgehen.

Erfahren Kinder und Jugendliche, dass ihre Eltern auseinandergehen, bedeutet dies aber vor allem eine starke seelische Erschütterung. Wie können Sie als Eltern ihnen beistehen? Wichtig ist, dass Sie sich Zeit nehmen, dass Sie nachfragen, wo Ihre Kinder in dieser Veränderungsphase stehen. Versuchen Sie, sich in die Situation Ihres Sohnes einzufühlen. Beobachten Sie, ob Ihre Tochter körperliche oder psychische Reaktionen zeigt. Erkundigen Sie sich bei den Lehrpersonen nach Leistungseinbussen und auffälligen Verhaltensänderungen. Vor allem aber: Sprechen Sie mit Ihren Kindern über ihre Befindlichkeit, über Befürchtungen und Fantasien und lassen Sie ihnen so Raum für die eigene Auseinandersetzung mit den Veränderungen in der Familie.

Reaktionen richtig einordnen

Wenn Sie die Reaktionen Ihrer Kinder auf die Trennungssituation beobachten, werden Sie sich immer wieder fragen: Ist dieses oder jenes Verhalten «normal» oder ist es auf die belastende familiäre Situation zurückzuführen? Die Art der Reaktionen hängt unter anderem auch vom Entwicklungsalter Ihrer Kinder ab. Damit Sie das Verhalten Ihres Sohnes, Ihrer Tochter besser einordnen können, hier einige typische Verhaltensweisen bei einer Trennung und den damit verbundenen Veränderungen im Familiensystem.

- **Säuglinge und Kleinkinder** können emotional vernachlässigt werden, wenn die Mutter von den eigenen Problemen stark absorbiert ist. Typische Reaktionen sind Ess- und Schlafstörungen und erhöhte Reizbarkeit.

- Kinder im **Vorschulalter** reagieren heftig auf die Veränderungen nach einer Trennung der Eltern. Sie entwickeln Ängste, verlassen zu werden, und zeigen Symptome wie Einnässen und Einkoten, Wutausbrüche, Schlafstörungen. Sie glauben oft, mitverantwortlich oder gar Ursache für die Trennung zu sein. Daraus können sich Schuldgefühle entwickeln. Diese Altersgruppe zeigt auch Regressionen, vorübergehende Rückschritte in der Entwicklung. Es kann etwa sein, dass ein Kind als Reaktion sehr anhänglich wird, die Mutter nicht aus den Augen lässt und sich nicht mehr allein in einem Raum beschäftigen kann.

- Kinder im **Primarschulalter** leiden hauptsächlich unter dem Verlust des abwesenden Elternteils und befürchten, diesen für immer zu verlieren. Sie entwickeln Ängste vor Liebesverlust; Loyalitätskonflikte belasten sie sehr. Häufig treten Schulschwierigkeiten auf. Auch psychosomatische Beschwerden, zum Beispiel Kopfschmerzen, kommen vor, und die Kinder sind Gefühlen von Wut, Trauer, Einsamkeit und Ohnmacht ausgesetzt.

- Im **Jugendalter** wird das Bedürfnis nach Familienstruktur von einer Trennung besonders bedroht. Ängste, dieselben Fehler wie Vater und Mutter zu machen, können die Entwicklung beeinträchtigen. Jugendliche fühlen sich von den Eltern im Stich gelassen, da diese mit den eigenen Problemen beschäftigt sind und weniger Zeit für den Ablösungsprozess ihrer heranwachsenden Kinder haben.

Kinder nehmen die Zeit anders wahr

Kinder leben in der Gegenwart, im Jetzt. Deutlich zeigt sich dies über viele Kulturen hinweg bei den Babys. Sie tun ihre Bedürfnisse sofort lauthals kund, sie weinen, schreien und bringen so ihre Umwelt dazu, ihre Bedürfnisse zu stillen.

Einen Aufschub von Bedürfnissen auszuhalten, bleibt für Kinder während der ersten Lebensjahre schwierig, da die Wahrnehmung von Zeiteinheiten für sie noch kein Thema ist. Dafür braucht es Bezüge zur Vergangenheit und zur Zukunft. Was war gestern? Was wird morgen sein? Diese Bezüge immer detaillierter herauszuschälen, ist eine Entwicklungsaufgabe in den ersten sieben Lebensjahren. Kleine Kinder können ihre Bedürfnisse erst aufschieben, wenn ihnen ein Ausblick auf die Zukunft möglich ist.

BETTINA IST KNAPP VIERJÄHRIG und besucht vier Tage pro Woche die Krippe. Ihre Eltern haben sich kürzlich getrennt. Jeden Mittwochnachmittag holt der Vater Bettina von der Krippe ab. Sie verbringt den Abend und die Nacht bei ihm, und er bringt sie am Donnerstag wieder in die Krippe. Jedes zweite Wochenende darf sie zwei Tage beim Vater sein. Bettina freut sich auf den Papitag mitten in der Woche. Die Bezeichnungen für die Wochentage sind ihr fremd, aber den Papitag, den kennt sie: Am Papitag kommt sie mit ihrem grossen Rucksack in die Krippe, wird von Papi abgeholt und schläft im blauen Bett bei Papi.

Das Wissen um das Zeitverständnis kleiner Kinder gibt Ihnen einige Hinweise für die Regelung des persönlichen Kontakts während der Trennungszeit. Kleine Kinder brauchen häufige, regelmässig wiederkehrende Kontakte, da für sie Zeitabstände nichts bedeuten. Zeiträume von zwei, drei Wochen können Vorschul- und Unterstufenkinder nicht abschätzen. Idealerweise sehen sie deshalb den weggezogenen Elternteil einmal wöchentlich zu einem Mittag- oder Abendessen und verbringen mit ihm zusammen einen Nachmittag pro Woche. Auch hilft es dem Kind, wenn die Mutter, bei der es wohnt, ihm immer wieder vorzählt, wie oft es noch schlafen wird, bis es den Vater wieder sieht. Auf einem Kalender kann man die Tage abhaken. So erhält das Kind ein Bild von der Zeit bis zum Wiedersehen.

Wichtig ist auch, dass Sie die Kontakte gleich zu Anfang der Trennungszeit planen, rasch damit beginnen und die Regelung dann nach Möglichkeit einhalten. Kinder brauchen weiterhin und besonders in einer Umbruchsituation die Präsenz beider Eltern. Für sie steht die Pflege der Beziehungen zu Vater und Mutter im Vordergrund.

Aggressionen und körperliche Reaktionen
Manche Kinder zeigen eher aggressive Verhaltensweisen. Die Aggressionen können sich gegen die Mutter oder den Vater richten. Es ist auch möglich, dass ein Kind wegen Kleinigkeiten mit seinen Geschwistern streitet oder immer wieder ein jüngeres Geschwister angreift. Die Aggressionen müssen sich nicht auf das familiäre Umfeld beschränken. Manche Kinder sind zu Hause ganz friedlich und angepasst, fallen dafür aber im Kindergarten und in der Schule auf. Mit aggressivem Verhalten auf dem Schulweg oder auf dem Pausenplatz machen sie ihren Gefühlen Luft.

Kinder und Jugendliche können auch körperliche Reaktionen auf die familiären Veränderungen zeigen – etwa gehäufte Unfälle oder eine grössere Anfälligkeit für Krankheiten. Wenn bei Ihrem Kind ungewohnte Symptome auftreten, ist es ratsam, die Ärztin, den Arzt aufzusuchen.

INFO *Am stärksten belastet sind Kinder und Jugendliche in der ersten Zeit nach der Trennung. Vor allem in der Schule zeigt sich das oft deutlich: Die Leistungen fallen vorübergehend ab, die Kinder zeigen Konzentrationsschwierigkeiten, sie kommen zu spät, vergessen die Aufgaben. Viele Untersuchungen* *bei Scheidungskindern kommen jedoch zum Ergebnis, dass solche Auffälligkeiten rund zwei Jahre nach der Scheidung der Eltern zurückgehen.*

Schuldgefühle und Loyalitätskonflikte

Nicht selten entzünden sich an den Kinderfragen neue Konflikte. Jeder Elternteil will seine Vorstellungen verwirklichen und eigene Erziehungspraktiken durchsetzen. Die Kinder werden zum Streitthema. Nehmen die Kinder dies wahr, ziehen sie häufig den Schluss, sie selber seien der Grund für die Trennung – schliesslich streiten die Eltern ja über sie. Kein Wunder, dass sie so Schuldgefühle entwickeln. Betroffen sind vor allem Kinder bis ins mittlere Primarschulalter.

PIA, NEUN JAHRE ALT, ist eine Pferdenärrin. Sie möchte Reitstunden nehmen, endlich traben und galoppieren lernen. Pias Eltern, die getrennt leben, sich aber gemeinsam um die Tochter kümmern, sind sich nicht einig. Der Vater findet Pia zu jung für ein grosses Pferd, die Mutter versteht ihren Wunsch und unterstützt sie. Es kommt zu einem grossen Wortgefecht, Vorwürfe werden über den Tisch geschleudert, von Unverantwortlichkeit und unnötiger Einschränkung ist die Rede. Pia fühlt sich schlecht dabei. Die Eltern streiten wieder einmal ihretwegen; ihre Wünsche bringen sie auseinander. Zum x-ten Mal denkt Pia, sie sei schuld an der Trennung.

Loyalitätskonflikte der Kinder
Wenn die Feindseligkeiten der Eltern sich in die Zeit des Getrenntlebens ausdehnen, sind die Kinder die Leidtragenden. Die Kämpfe und Rivalitäten der Eltern stürzen sie in einen Loyalitätskonflikt. Kann ich nur noch mit dem Vater solidarisch sein? Soll ich mich auf die Seite der Mutter stellen? Das Kind, das Mutter und Vater liebt, muss sich

für einen Elternteil entscheiden, ein unlösbares Dilemma. Je nach Entwicklungsalter reagieren Kinder und Jugendliche unterschiedlich auf solche Loyalitätskonflikte:

- Sechs- bis Achtjährige versuchen, sowohl der Mutter wie auch dem Vater gegenüber loyal zu sein.
- Kinder zwischen neun und elf Jahren nehmen eher Partei für einen Elternteil und lehnen den anderen ab.
- Jugendliche reagieren auf Loyalitätskonflikte auch mit Kontaktabbruch und weigern sich beispielsweise, den weggezogenen Vater noch zu treffen. Oder sie wünschen, neu statt bei der Mutter beim Vater zu wohnen.

Loyalitätskonflikte erleben Kinder häufig bei den Besuchstagen, wenn eine Übergabe und eine direkte Begegnung von Vater und Mutter bevorsteht. Wenn die Mutter von den vielen schönen Erlebnissen schwärmt, die den Sohn beim Vater erwarten, gleichzeitig aber signalisiert, dass sie sich nicht gern von ihm trennt, spürt der Sohn diese Doppelbotschaft und versteht nicht, was eigentlich gilt. Soll er sich auf den Besuch freuen und diese Freude zeigen, oder soll er traurig sein, dass er die Mutter allein zurücklässt? Wenn der Vater die Tochter während der Betreuungszeit über das Leben bei der Mutter ausfragt und abschätzige Bemerkungen fallen lässt, wird das Mädchen verunsichert. Sorgt sich der Vater wirklich um sie oder will er bloss die Mutter schlechtmachen? Die Kinder werden vorsichtig abwägen, was sie wem erzählen, um die Spannungen zwischen den Eltern nicht noch zu verstärken. Dadurch verlernen sie, spontan von ihren Erlebnissen zu berichten.

DER NEUNJÄHRIGE JANNICK verbringt jedes zweite Wochenende beim Vater. Die beiden gehen am nahen Fluss fischen und erzählen sich die Erlebnisse der letzten Tage. Jannick ist bei diesen Gesprächen immer auf der Hut. Der Vater fragt regelmässig nach dem Befinden der Mama, nach ihrer Arbeit, ihrer Freizeitgestaltung. Jannick fühlt sich ausgequetscht, zumal der Vater dabei einen ganz mürrischen Gesichtsausdruck hat und über Mamas Unzulänglichkeiten lästert. Jannick versucht, solche Gespräche zu verhindern, und erzählt stattdessen eifrig von der Baumhütte seines Freundes.

DAS KÖNNEN SIE FÜR IHRE KINDER TUN

- Die Kinder brauchen Ihre Präsenz. Versuchen Sie, sich möglichst viel Zeit für sie zu nehmen.
- Wichtig ist der innerfamiliäre Dialog. Die Kinder benötigen altersgerechte Informationen über die bevorstehenden Veränderungen, etwa über den zukünftigen Wohnort des wegziehenden Elternteils.
- Informieren Sie andere Bezugspersonen der Kinder – Lehrer, Krippenleiterin, Sporttrainer – über die bevorstehenden Veränderungen. Sprechen Sie sich aber vorher miteinander ab.
- Die Kinder lieben Vater und Mutter und die Trennung soll daran nichts ändern. Schliessen Sie deshalb mit Ihrem Kind kein Bündnis gegen den anderen Elternteil. Vermeiden Sie auch, Ihren Partner, Ihre Partnerin vor den Kindern schlechtzumachen.
- Kinder sind nicht in der Lage, sich für den einen oder anderen Elternteil zu entscheiden. Fragen der Obhutszuteilung und der Gestaltung der Betreuung müssen deshalb – so schwer ihnen das fallen mag – Vater und Mutter miteinander absprechen. Dies ist ihre Verantwortung und nicht Sache der Kinder, auch wenn diese sich zu den Entscheidungen der Eltern äussern dürfen und mit zunehmendem Alter ein Mitspracherecht haben.
- Überfordern Sie Kinder und Jugendliche nicht, indem Sie sie als Partnerersatz benutzen.

Bei wem leben die Kinder?

Die Entscheidung, bei wem die Kinder ihren Alltag verbringen werden, ist eine der schwierigsten. Wie kann ich an ihrer Entwicklung teilnehmen? Werden wir uns ganz fremd? Das sind die bangen Fragen des Elternteils, der die Kinder «hergeben» muss.

Bei einer Trennung geht es meist nicht um die Zuteilung der elterlichen Sorge, sondern nur um die Obhut. Zuerst ein paar Erklärungen dazu, was diese Begriffe beinhalten.

Wichtige Begriffe im Kindesrecht

Am 1. Juli 2014 sind einige wichtige Gesetzesänderungen in Kraft getreten, die grosse Auswirkungen auf eine Scheidung und eine Trennung haben. Seither gelten folgende Grundsätze.

Das Sorgerecht

Das Sorgerecht umfasst die gesetzliche Pflicht und das Recht, für die minderjährigen Kinder die nötigen Entscheidungen zu treffen, sie zu erziehen, zu vertreten und für ihren Unterhalt aufzukommen. Alle Entscheidungen von grosser Tragweite – also zu Schule und Ausbildung, religiöser Erziehung und grösseren medizinischen Eingriffen – fallen darunter. Die Kinder stehen, solange sie minderjährig sind, unter der gemeinsamen Sorge von Vater und Mutter – dies grundsätzlich unabhängig davon, ob die Eltern verheiratet sind oder nicht (Art. 296 ZGB). Nur in seltenen Ausnahmefällen wird die elterliche Sorge einem Elternteil allein zugeteilt. Eine Trennung (und auch eine Scheidung) ändert also an der gemeinsamen elterlichen Sorge nichts.

Ein wesentlicher Bestandteil der elterlichen Sorge ist das **Aufenthaltsbestimmungsrecht**, also das Recht, zu bestimmen, wo das Kind wohnt und seinen Lebensmittelpunkt hat. Dieses wichtige Recht steht beiden Eltern zu. Ein Wechsel des Aufenthaltsorts bedarf zwingend der Zustimmung beider Eltern, wenn der neue Aufenthaltsort im Ausland liegt oder wenn der Wechsel erhebliche Auswirkungen auf die Ausübung der elterlichen Sorge und/oder die persönlichen Kontakte zwischen dem Kind und dem anderen Elternteil hat. Können sich die Eltern nicht einigen, muss das Gericht entscheiden. Wer ohne Zustimmung des anderen Elternteils oder des Gerichts mit dem Kind ins Ausland geht, macht sich einer Entführung schuldig.

Die Obhut und die Betreuungsanteile

Mit der **elterlichen Obhut** ist die tägliche, «faktische» Betreuung und Pflege gemeint. Wenn das Kind überwiegend bei einem Elternteil lebt, spricht man von alleiniger Obhut. Lebt es mehr oder weniger paritätisch bei beiden Eltern, spricht man von geteilter oder alternierender Obhut. Obhut und Betreuungsanteile hängen also eng zusammen.

Wer die Obhut innehat, entscheidet über die Fragen, die sich im Alltag stellen: Zum Beispiel darüber, ob der Sohn am Nachmittag mit den Kollegen ins Kino darf oder zu Hause bleiben und die Mathematikprüfung vom nächsten Tag vorbereiten muss. Oder ob die Tochter das nächste Wochenende mit dem Götti verbringen darf. Die Obhut geht weniger weit als die elterliche Sorge.

Mit dem Begriff der **Betreuung** ist diejenige Zeit gemeint, die ein Elternteil mit seinem Kind verbringt und mit ihm lebt. Bei geteilter oder alternierender Obhut spricht man von Betreuungszeit oder Betreuungsanteilen.

Sind die Kontakte zwischen einem Elternteil und dem Kind weniger umfassend, beschränken sie sich beispielsweise auf die Wochenenden, spricht man vom **persönlichen Verkehr**. Der früher übliche Begriff «Besuchsrecht» wird nur noch selten verwendet.

INFO *Wie auch immer die Bezeichnung; Die Aufrechterhaltung der Beziehung zu beiden Eltern ist für die Entwicklung des Kindes von entscheidender Bedeutung. Beim persönlichen Verkehr handelt es sich deshalb sowohl um ein Recht des Elternteils wie auch um eine Pflicht, den Kontakt wahrzunehmen.*

Gemeinsam die beste Lösung finden

Die Beantwortung der Frage, welches das zukünftige Zuhause der Kinder sein soll und welcher Elternteil die Kinder in welchem Umfang betreut, gehört zu den schwierigsten und oft auch schmerzlichsten Entscheidungen. «Werden wir einander nicht verlieren?» – das befürchtet vor allem derjenige Elternteil, der weniger häufig mit den Kindern zusammen ist.

Für die Kinder ist es eine grosse Entlastung, wenn sie erleben, dass die Eltern sich über diese Fragen einigen. Damit wird ihnen ein schwieriger Loyalitätskonflikt erspart; sie können Kinder bleiben und Mutter und Vater weiterhin als sorgende Eltern erfahren. Übrigens: Auch wenn das Eheschutzgericht entscheiden muss, wird es die Kinder bei der Anhörung nicht zu einem Entscheid für oder gegen einen Elternteil drängen.

Grössere Kinder und Jugendliche äussern manchmal klar, bei wem sie künftig wie lange wohnen wollen. Auch ihnen hilft es viel, wenn beide Eltern diese Wünsche ernst nehmen, ihr Einverständnis dazu geben und damit letztlich die Verantwortung dafür übernehmen.

Lassen Sie sich als Eltern bei Ihrem Entscheid von folgenden Gesichtspunkten leiten:

- Welches war die bisherige Rollenverteilung? Wer hat sich hauptsächlich um die Kinder gekümmert?
- Klären Sie anhand eines Wochenplans ab, wie jede Seite die Betreuung der Kinder und die Arbeiten im Haushalt mit den eigenen

beruflichen und sonstigen Verpflichtungen unter einen Hut bringen kann. Gehen Sie konkret und detailliert vor: Kann ich die Kinder zur Schule bringen? Kann ich zu Hause sein, das Mittagessen zubereiten, nach der Schule bei den Aufgaben helfen und die Kinder zum Sport- oder Musikkurs bringen? Wann komme ich zum Einkaufen, Putzen, Wäschebesorgen? Denken Sie daran, dass schulpflichtige Kinder rund drei Monate Ferien haben und dann den ganzen Tag betreut sein müssen. Fragen Sie sich, welcher Elternteil eher in der Lage ist, die Unterbringung an Pflegeplätzen und den häufigen Wechsel von Betreuungspersonen zu vermeiden.

- Beziehen Sie auch die Wohnsituation mit ein: Müssten die Kinder einen Umzug in Kauf nehmen? Würden sie dadurch Freunde und Freundinnen verlieren?

- Welche Auswirkung hat die ins Auge gefasste Lösung auf die schulische Situation? Wäre ein Schulwechsel erforderlich? Würde das Kind einen verständnisvollen Lehrer verlieren, würde es gar mit einem anderen Schulsystem konfrontiert? Findet die Veränderung vor wichtigen Prüfungen oder vor dem Übertritt in eine andere Schulstufe statt?

- Welche Auswirkungen hat die Betreuungsregelung auf die Finanzen der Familie? Eine geteilte Obhut verunmöglicht bei kleineren Kindern meist eine volle Erwerbstätigkeit beider Eltern. Kann sich die Familie das überhaupt leisten? Zudem: Seit dem 1. Januar 2017 ist zusätzlich zum Barunterhalt des Kindes auch ein Betreuungsunterhalt geschuldet (mehr dazu auf Seite 65). Dieser hängt ganz wesentlich davon ab, wer wie viel von der Betreuung übernimmt.

- Versuchen Sie, die Obhuts- und Betreuungsfrage aus dem Blickwinkel des Kindes zu betrachten. Fragen Sie sich ganz ehrlich, welche Lösung für Ihren Sohn, Ihre Tochter besser wäre, was diese eher wünschen. Halten Sie sich dabei immer wieder vor Augen, dass Ihr Kind beide Eltern liebt – egal, wie die Antwort auf diese Frage ausfällt.

- Versuchen Sie auch, den Blickwinkel des anderen Elternteils in Ihre Überlegungen einzubeziehen. Welche Ängste und Befürchtungen bewegen sie oder ihn? Was können Sie tun, um diese Befürchtungen zu vermindern?
- Wer von Ihnen garantiert am sichersten, dass die Kinder den anderen Elternteil regelmässig sehen und zu ihm eine intensive Beziehung behalten können?

Gerade der letztgenannte Gesichtspunkt erhält – wenn die Gerichte über Obhut und Betreuung entscheiden müssen – eine immer grössere Bedeutung. Die Kinder sollen eher bei dem Elternteil wohnen, der darauf verzichten kann, den anderen schlechtzumachen, und die Kinder aus dem elterlichen Konflikt heraushält. Wer eher bereit ist, den anderen in die Betreuung miteinzubeziehen und häufige Telefonate, E-Mails oder Briefe ermöglicht, hat den Vorrang. Das Wohl der Kinder ist bei dem Vater oder der Mutter am besten gewahrt, der oder die in der Lage ist, sie zum Kontakt mit dem anderen Elternteil zu motivieren, und eine momentane Unlust nicht als Ausrede benutzt, um Besuche zu verhindern.

Kein Streit um die Obhut und die Betreuungsanteile!
Die Erfahrung zeigt ganz klar: Streiten Eltern darum, bei wem die Kinder wohnen und wer sie in welchem Umfang betreut, dann gibt es keine Sieger, sondern nur Verlierer. Eltern werden zu Krieg führenden Parteien und die Kinder zu einer begehrten Beute, um deren Besitz gekämpft wird – nicht selten auch aus finanziellen Motiven. Zeichnet sich ein solcher zerstörerischer Konflikt ab, kann oft nur der freiwillige Verzicht des Vaters oder der Mutter und die Bereitschaft, zugunsten der Kinder ein Opfer zu bringen, weiterhelfen. Dazu gehört manchmal viel Selbstüberwindung. Doch Ihre heranwachsenden Kinder, denen Sie es erspart haben, Zankapfel der Eltern zu sein, werden Ihnen ihre Dankbarkeit zeigen.

Geteilte Obhut?

Das Gesetz sieht heute ausdrücklich vor, dass bei gemeinsamer elterlicher Sorge die Möglichkeit einer alternierenden oder geteilten Obhut geprüft werden muss, wenn ein Elternteil oder das Kind dies wünscht (Art. 298b ZGB). In einem Entscheid vom 29. September 2016 hat das Bundesgericht jedoch festgehalten, dass die geteilte Obhut nicht zum Regelfall wird. Das Gericht muss anhand der konkreten Umstände entscheiden, ob die alternierende Obhut der getrennt lebenden Eltern im besten Interesse des Kindes liegt oder nicht. Verschiedene Kriterien sind zu beachten. In erster Linie müssen beide Elternteile erziehungsfähig sein, was insbesondere bedeutet, dass sie miteinander kommunizieren und kooperieren können. Vor allem bei grösseren geografischen Distanzen zwischen den beiden Wohnungen kommt der Fähigkeit, mit den organisatorischen Schwierigkeiten sachgerecht umgehen zu können, grosse Bedeutung zu. Wichtig ist zudem, wie die Eltern die Kinder vor der Trennung betreut haben – je paritätischer die Eltern schon vorher vorgingen, umso eher besteht Aussicht, dass die gemeinsame Betreuung auch nach der Trennung funktioniert.

Planen Sie also, dass die Kinder beispielsweise in der ersten Wochenhälfte bei der Mutter und in der zweiten beim Vater leben sollen, oder dass sie eine Woche hier, die nächste dort wohnen werden, sollten Sie ganz realistisch die Vor- und Nachteile abwägen – vor allem auch aus der Sicht der Kinder.

Praktische Überlegungen

Eine geteilte Obhut wird nur dann infrage kommen, wenn Vater und Mutter nach wie vor räumlich nahe beieinander leben. Sonst dürfte bereits nach kurzer Zeit nur schon der Transport der Kinder zu aufwendig werden: in die andere Wohnung, zur Schule, zu den Freundinnen und Freunden, in den Sportklub und an andere Orte, denen sich die Kinder verbunden fühlen. Für eine geteilte Obhut braucht es zudem in beiden Wohnungen vollständig eingerichtete Kinderzimmer, was zu erheblichen Zusatzkosten führt. Während die Kinder bei Besuchen jedes zweite Wochenende und für ein paar Ferienwochen auch eine rudimentäre Ausstaffierung hinnehmen werden, akzeptieren sie dies kaum, wenn sie beim Vater oder der Mutter «richtig» wohnen sollen. Sie wollen in beiden Zuhause alles oder vieles von dem, was ihnen lieb und teuer ist.

Natürlich wirkt sich eine gemeinsame Betreuung auch auf die Gestaltung des Unterhalts aus: Hat ein Elternteil die Obhut allein und übernimmt damit mehrheitlich die Betreuung, dann kommt er für sämtliche Kinderkosten auf und erhält dafür einen festen Unterhaltsbeitrag. Dieser Unterhaltsbeitrag umfasst neuerdings nicht nur den sogenannten Barunterhalt – das ist der Betrag, der die Kosten der Erziehung und der Ausbildung des Kindes abdecken soll –, sondern auch einen Betreuungsunterhalt. Grob gesagt, wird mit diesem zweiten Betrag die Einkommenseinbusse abgegolten, die der betreuende Elternteil hat, weil er nicht voll arbeiten kann. Dieser Betreuungsunterhalt ist ausdrücklich ein Teil des Kinderunterhalts, nicht etwa des Ehegattenunterhalts (mehr dazu auf Seite 65).

Betreuen beide Eltern die Kinder zu gleichen Teilen, wird der Betreuungsunterhalt «verrechnet» und es findet keine Ausgleichszahlung statt, weil ja beide Eltern eine Einkommenseinbusse erleiden. Wird die Obhut geteilt, müssen Vater und Mutter im Detail vereinbaren, wie sie die Kosten unter Berücksichtigung ihrer finanziellen Möglichkeiten aufteilen und ob überhaupt noch Transferzahlungen in Form von monatlichen Unterhaltszahlungen erforderlich sind.

INFO *Den steuerlich günstigen Verheiratetentarif erhält der Elternteil, der die Kinder in Obhut hat. Betreuen die Eltern die Kinder paritätisch, erhält derjenige Elternteil den günstigen Tarif, der den höheren finanziellen Beitrag leistet – beispielsweise auf ein «Kinderkonto», aus dem die Eltern die Kinderkosten bezah-*

len. Werden allerdings fixe monatliche Kinderunterhaltsbeiträge an einen Elternteil bezahlt, muss dieser die Beträge versteuern. Er erhält dann den «Verheiratetentarif», während der andere Elternteil die Unterhaltszahlungen von seinen Einkünften abziehen kann.

Auch wenn einiges durchgedacht und abgewogen werden muss: Lassen Sie sich nicht davon abhalten, kreativ nach der besten Form des Getrenntlebens für Ihre Familie und Ihre Kinder zu suchen und auch unkonventionelle Lösungen in Betracht zu ziehen. Eine geteilte Obhut oder ein Modell, bei dem beispielsweise die Tochter bei der Mutter bleibt, während der Sohn zum Vater zieht, kann in Ihrer Familie die Regelung sein, mit der allen Beteiligten am besten gedient ist.

RUTH UND FRITZ H. haben sich mit ihren drei Kindern im Alter von 13, 15 und 18 Jahren darauf geeinigt, dass diese im ehelichen Einfamilienhaus bleiben. Mutter und Vater mieten je eine kleine Wohnung in der Nähe. In geraden Kalenderwochen schaut die Mutter bei den Kindern zum Rechten, in ungeraden Wochen lebt der Vater im «Kinderhaus».

Wenn das Gericht die Obhut zuteilen muss

Können sich die Eltern nicht einigen, muss das Eheschutzgericht entscheiden. Es wird im Streitfall die Obhut eher einem Elternteil allein zusprechen. Aber: Differenzen über die Betreuungsanteile für sich allein sind gemäss Bundesgericht kein hinreichender Grund, von einer alternierenden Obhut abzusehen. Nur wenn die Eltern auch in anderer Hinsicht gravierend entzweit sind und die ernstzunehmende Gefahr besteht, dass eine alternierende Obhut dem Wohlbefinden des Kindes schadet, wird die Obhut einem Elternteil allein zugeteilt.

Die Obhutszuteilung hat nichts zu tun mit der Frage, wer für die Trennung verantwortlich ist oder wer in besseren wirtschaftlichen Verhältnissen lebt. Es geht einzig darum, die für die Kinder beste Lösung zu finden. Oft gibt die bisherige Aufgabenteilung in der Familie vor, welcher Elternteil bei der Trennung vom Gericht die Obhut zugeteilt erhält (siehe auch Seite 54). Geschwister, die altersmässig nicht allzu weit auseinander sind, werden wenn möglich nicht getrennt. Bei Säuglingen hat die Betreuung durch die Mutter eine vorrangige Bedeutung; bei Kindern im schulpflichtigen Alter oder kurz davor besteht heute keine geschlechtsspezifische Benachteiligung des Vaters mehr. Die grössere Chance hat derjenige Elternteil, der die bessere Gewähr dafür bietet, dass sich die Kinder altersgerecht und optimal entfalten können. Wichtig ist auch die persönliche Betreuung: Muss ein Elternteil die Kinder in die Hände von Dritten (Kindermädchen, Verwandten) geben, spricht dies eher dagegen, ihm die Obhut zuzuteilen. Und schliesslich spielen die Wünsche der Kinder eine wichtige Rolle – dies umso mehr, je älter diese sind.

SEVERIN S. IST SELBSTÄNDIGER GRAFIKER und hat sich schon seit ihrer Geburt intensiv um die achtjährige Tochter und den sechsjährigen Sohn gekümmert. Seine Arbeitsräume hat er im Haus, in dem die Familie wohnt, eingerichtet. Als die Mutter eine Erwerbstätigkeit aufnahm, steckte Herr S. beruflich zurück und übernahm einen grossen Teil der Kinderbetreuung. Da der Vater die stabileren Verhältnisse bieten kann, erhält er bei der Trennung die Obhut über die Kinder zugesprochen.
DIE KINDER VON FRANCA G. sind tagsüber oft unbeaufsichtigt, treiben sich auf der Strasse herum und schwänzen die Schule. Abends ist die Mutter bis tief in die Nacht unterwegs und lässt die Kinder allein vor dem Fernseher. Die Lehrerin der jüngsten Tochter wendet sich schliesslich ans Jugendsekretariat. Frau G. erhält die Obhut über ihre Kinder nicht zugesprochen.

Ist die Obhutszuteilung strittig, kompliziert sich das Verfahren massiv: Zunächst werden auf jeden Fall die Kinder angehört und mit grosser Wahrscheinlichkeit wird ihnen eine Kinderanwältin, ein Kinderanwalt zur Seite gestellt, der oder die in ihrem Namen Anträge zur elterlichen Sorge, zur Obhut und zu den Betreuungsanteilen der Eltern stellt. In hochstrittigen Fällen werden Gutachten bei den örtlichen kinder- und jugendpsychiatrischen Diensten in Auftrag gegeben. All dies ist teuer, verlängert das Trennungsverfahren und stellt für die Familie eine grosse Belastung dar.

Weiterhin beide Eltern zuständig
Der gerichtliche Obhutsentscheid ändert nichts daran, dass die elterliche Sorge auch während der Trennung bei beiden Eltern bleibt. Alle wichtigen Entscheidungen müssen also weiterhin gemeinsam gefällt werden.

Der Elternteil, der nicht mit den Kindern lebt, hat zudem ein umfassendes Informationsrecht: Schulbesuchstage oder andere wichtige Anlässe im Leben des Kindes sind ihm unaufgefordert mitzuteilen, damit er daran Anteil nehmen kann. Auch darf er oder sie direkt bei Lehrern, Ärztinnen und Betreuungspersonen Auskünfte über die Kinder und ihre Entwicklung einholen.

INFO *Die Praxis zeigt – auch wenn dies von den Gerichten immer wieder verneint wird –, dass die Vereinbarungen der Eltern über die Obhut und die Betreuungsanteile für ein späteres Scheidungsverfahren eine erhebliche präjudizierende Wirkung haben. Der Grundsatz der Stabilität wird im Kindesrecht grossgeschrieben, und so kommt den bisherigen Verhältnissen, in denen die Kinder gelebt haben, eine grosse Bedeutung zu. Bei einer langen Trennung lässt sich deshalb nicht ausschliessen, dass die Regelung der Kinderbelange tel quel für die Zeit nach der Scheidung übernommen wird.*

Kontakt mit den Kindern: die Betreuungsanteile der Eltern

Der Anspruch auf Betreuung durch beide Eltern – früher Besuchsrecht genannt – ist ein Recht, das nicht nur dem Vater und der Mutter, sondern auch dem Kind zusteht. Ein intensiver Kontakt zu beiden Eltern auch während einer Trennung ist wichtig für die Persönlichkeitsentwicklung des Kindes.

Kinder müssen in einem «Beziehungsdreieck» Nähe und Distanz zugleich erfahren und sich mit beiden Geschlechterrollen auseinandersetzen können. Jedes Kind beschäftigt sich irgendwann mit seiner Herkunft. Es soll deshalb das innere Bild, das es sich vom abwesenden Elternteil macht, mit der Realität vergleichen können. Dieses kindliche Bedürfnis nach Realitätskontrolle ist der Grund dafür, dass ein persönlicher Kontakt respektive die Betreuung durch Vater und Mutter nur in ausserordentlich schwerwiegenden Fällen vollständig verweigert wird.

Der gegenseitige Anspruch von Eltern und Kindern auf persönlichen Verkehr umfasst mehr als die Möglichkeit, sich mit dem Kind regelmässig zu treffen. Dazu gehört auch

- das Recht, mit dem Kind zu telefonieren und mit ihm Briefe, E-Mails, WhatsApps oder Geschenke auszutauschen.
- das Recht, über wichtige Entscheidungen im Leben des Kindes informiert und angehört zu werden, namentlich bei medizinischen Eingriffen, in Schulfragen oder bei der Berufswahl.
- das Recht, bei Ärzten, in der Schule oder am Lehrort selbständig Auskünfte über das Kind einzuholen.

Die Betreuung gestalten

Grundsätzlich sind Eltern frei, wie sie die Betreuung ihrer Kinder gestalten. Nutzen Sie diesen Spielraum und suchen Sie die beste Lösung für Ihre Familie. Fragen Sie als «obhutsberechtigte» Mutter nicht, wie Sie die Betreuungszeit des Vaters reduzieren können, sondern überlegen Sie, wie viel Kontakt Vater und Kinder für ihr Wohlergehen brauchen. Versuchen Sie als «besuchsberechtigter» Vater nicht, möglichst viele Wochenenden und Ferienwochen zu ergattern, sondern nehmen Sie Rücksicht auf wichtige Anlässe Ihrer Kinder und überlegen Sie, wann und wie Sie erfüllte Tage mit ihnen verbringen können.

Richtlinien des Gerichts

Muss das Eheschutzgericht über die Betreuungsanteile entscheiden, wird es vor allem für jüngere Kinder eine Minimallösung festhalten, die im Konfliktfall durchgesetzt werden kann (siehe Kasten). Das Gericht wird die Eltern aber ermuntern, freiwillig grosszügigere Betreuungszeiten vorzusehen. Bei älteren Kindern und Jugendlichen wird meist auf eine starre Regelung verzichtet; die Kinder und der nicht obhutsberechtigte Elternteil sollen selber vereinbaren, wie sie den persönlichen Kontakt gestalten wollen. Treffen, die an einem Wochenende, über Feiertage, an Geburtstagen oder einfach zu einem Mittag- oder Abendessen spontan vereinbart werden, entsprechen den Bedürfnissen der Beteiligten oft besser als eine starre Regelung.

Was die Länge der Betreuungszeiten betrifft, weist die gerichtliche Praxis von Kanton zu Kanton teilweise erhebliche Unterschiede auf. Generell gilt, dass die Gerichte in der Romandie grosszügigere Betreuungsanteile festsetzen.

So funktioniert der persönliche Kontakt ohne Stress

Die Kosten, die entstehen, wenn Sie die Kinder betreuen, müssen Sie selbst übernehmen. Den Unterhaltsbeitrag haben Sie zu zahlen, auch wenn Ihr Kind bei Ihnen in den Ferien ist. Die fixen Kinderkosten wie Wohnanteil, Krankenkasse, Auslagen für Kleider und Hobbys laufen ja auch während Ferienabwesenheiten. Kann Ihr Kind noch nicht allein reisen, müssen Sie es jeweils abholen und wieder zurückbringen. Während sich das Kind bei Ihnen aufhält, können Sie grundsätzlich frei entscheiden, wo und wie Sie die Zeit mit ihm verbringen. Sie dürfen es mit Ihrem persönlichen Umfeld zusammenbringen: mit den

GERICHTLICHE MINIMALLÖSUNG

Hat ein Elternteil die alleinige Obhut, sehen die Gerichte folgende Betreuungszeiten für den anderen vor:

- Kleine Kinder bis zu drei oder vier Jahren leben praktisch ausschliesslich in der Gegenwart; sie können sich kaum eine Vorstellung davon machen, dass es den abwesenden Elternteil zwischen den Besuchen noch gibt (siehe Seite 44). Anstelle langer Betreuungszeiten sind deshalb häufige, aber kürzere Kontakte sinnvoller – zum Beispiel eine Betreuung während eines halben Tages pro Woche, wenn möglich ergänzt mit der Gelegenheit, wöchentlich ein- bis zweimal während einiger Stunden – vielleicht am Wohnort des Kindes – mit ihm zu spielen.

- Für Kinder im Vorschulalter sind Betreuungszeiten jeden zweiten Sonntag üblich, wobei je nach Intensität der Beziehung auch regelmässige Übernachtungen beim anderen Elternteil eingeplant werden können.

- Für schulpflichtige Kinder sind Betreuungszeiten jedes zweite Wochenende üblich, allenfalls bereits ab Freitagabend bis Montagmorgen. Zudem werden jährlich alternierende Besuche über Pfingsten und Neujahr bzw. Ostern und Weihnachten vorgesehen. Dazu kommt ein Ferienrecht von mindestens zwei bis vier Wochen im Jahr.

- Bei Jugendlichen ab etwa 14 Jahren wird auf eine feste Regelung meist verzichtet. Sie sollen sich mit dem Elternteil direkt über die Kontakte verständigen.

Personen aus Ihrer Familie, aber auch mit einem neuen Partner, einer neuen Partnerin. Der andere Elternteil hat kein Recht, bei solchen Anlässen dabei zu sein.

Wenn etwas dazwischenkommt

Nur aus wichtigen Gründen wie Krankheit, Schullager, Familienferien sollten Sie von Ihrer Regelung abweichen. Eine Verschiebung müssen Sie dem anderen Elternteil mitteilen, sobald sie absehbar ist.

Ausgefallene Betreuungszeiten können nachgeholt werden – vorausgesetzt, beide Eltern sind damit einverstanden. Wenn nicht, kommt es darauf an, wer den Grund für die Verschiebung gesetzt hat: Lässt die obhutsberechtigte Seite einen Kontakt ausfallen, wird dieser nachgeholt. Ist hingegen das Kind wegen Krankheit oder wegen eines Pfadilagers verhindert oder lässt der weggezogene Elternteil ein Wochenende ausfallen, sind die Betreuungszeiten verwirkt.

URS E., BEI DEM DIE KINDER WOHNEN, sagt ein Wochenende bei der Mutter ab, weil er mit ihnen an ein Treffen alleinerziehender Väter reisen will. Seine Frau Karin hat das Recht, am Wochenende darauf die verpassten Tage nachzuholen. Als einige Wochen später die Tochter am Freitagnachmittag mit Fieber von der Schule kommt, fällt das Wochenende ersatzlos weg. Und als Frau E. im Februar mit ihrer Gugge an die Fasnacht geht, braucht sie für eine Verschiebung das Einverständnis des Vaters.

Ferienpläne sollten Sie sich gegenseitig sobald wie möglich mitteilen, beispielsweise drei Monate im Voraus. Sinnvoll ist, dass diejenige Seite, die berufstätig und deshalb bei der Gestaltung der Ferientermine weniger frei ist, ein Vorwahlrecht hat.

Keine Konflikte um den persönlichen Kontakt

Halten Sie Ihre Kinder aus allen Konflikten um die Betreuung heraus. Es ist Ihre Aufgabe als Eltern, einen Rahmen abzustecken, der für die Kinder – und für Sie – verbindlich ist.

Wer sich hinter angeblichen Willensäusserungen jüngerer Kinder versteckt – «Die wollen halt einfach nicht zum Vater...» –, tut ihnen

---

TIPPS FÜR GELUNGENE BESUCHSTAGE

- Sorgen Sie für einen ungestörten Übergang. Streiten Sie nicht vor dem Kind; übergeben Sie es nicht an der Haustür.
- Sprechen Sie ernsthafte Sorgen und Probleme nicht in Anwesenheit des Kindes an, sondern suchen Sie ein sachliches Gespräch zu zweit.
- Vergessen Sie vereinbarte Betreuungszeiten nicht und halten Sie sich genau daran. Verschieben Sie einen Termin nur, wenn es wirklich nicht anders geht, und dann frühzeitig.
- Machen Sie den anderen Elternteil nicht vor dem Kind schlecht und gehen Sie darüber hinweg, wenn das Kind von Missstimmungen berichtet.
- Zeigen Sie als obhutsberechtigter Elternteil, dass Sie mit den Kontakten einverstanden sind, dass diese zum ganz normalen Alltag gehören.
- Überschätzen Sie kleinere Verhaltensauffälligkeiten des Kindes nicht; sie werden sich mit der Zeit von selbst legen.
- Nehmen Sie sich, wenn das Kind bei Ihnen ist, wirklich Zeit. Wählen Sie gemeinsame Beschäftigungen, Spiele, Ausflüge, die dem Kind Spass machen. Lassen Sie es aber auch zur Ruhe kommen.
- Verwöhnen Sie das Kind nicht, wenn es bei Ihnen ist, erlauben Sie ihm nicht alles und überhäufen Sie es nicht mit Geschenken. Ein gelegentliches Nein hat eine wichtige erzieherische Funktion.
- Brechen Sie einen Besuch ohne Vorwürfe ab, wenn sich das Kind nicht beruhigt, lassen Sie aber den nächsten nicht ausfallen.

---

keinen Gefallen. Motivieren Sie vielmehr Ihren Sohn, Ihre Tochter, den Kontakt zum anderen Elternteil aufrechtzuerhalten. Das liegt, wie Untersuchungen immer wieder zeigen, im ureigensten Interesse der Kinder. Der Aufenthalt beim anderen Elternteil kann phasenweise zu einer erheblichen Unruhe im Leben eines Kindes führen. Dies sollten Sie nicht zum Anlass nehmen, die Kontakte grundsätzlich infrage zu stellen, sondern als Ansporn, gemeinsam die Rahmenbedingungen zu verbessern.

SIMON IST VIER JAHRE ALT. Kommt jeweils der nächste Besuchstag, fängt er an zu jammern, er gehe nicht gern zum Papa. Wird Simon abgeholt, ist er zunächst kaum ansprechbar. Sehr bald beruhigt er sich jedoch, taut auf und geniesst die Zeit mit dem Vater. Am Sonntag gegen Abend wird er traurig und sagt wiederholt, er möchte beim Papa bleiben. Wieder zu Hause bei der Mutter ist er schlecht gelaunt und zieht sich längere Zeit zurück.

Solche Reaktionen dürfen nicht überbewertet werden. Oft sind sie auch nicht auf eine Beeinflussung durch den anderen Elternteil zurückzuführen, sondern einfach ein Ausdruck davon, dass es dem Kind schwerfällt, eine Situation loszulassen, in der es sich wohlfühlt.

Der Unterhalt für die Kinder

Markenkleider und Sportausrüstung, Musikunterricht, Klassenlager, Versicherungen... Kinder kosten. Und wenn nach einer Trennung zwei Haushalte zu finanzieren sind, ist das Geld häufig knapp. Wer muss wie viel beisteuern?

Vater und Mutter haben für den Unterhalt ihrer Kinder gemeinsam aufzukommen; daran ändert eine Trennung nichts. Der Unterhalt wird durch Pflege und Erziehung und durch Geldzahlungen sichergestellt.

Neue Berechnung des Kinderunterhalts

Am 1. Januar 2017 ist ein neues Unterhaltsrecht in Kraft getreten, das bedeutsame Änderungen mit sich bringt. Die Kosten der Kinderbetreuung sind nun – unabhängig vom Zivilstand der Eltern – Teil des Kinderunterhalts. Dieser sogenannte Betreuungsunterhalt wird addiert zum Barunterhalt für das Kind (der die Kosten von Unterhalt und Erziehung deckt). Dies führt zu deutlich höheren Kinderunterhaltsbeiträgen. Bisher wurde der Betreuungsunterhalt bei den persönlichen Unterhaltsbeiträgen für die Ehefrau berücksichtigt. Eine unverheiratete Mutter ging dabei leer aus; heute erhält auch sie die höheren Kinderunterhaltsbeiträge inklusive Betreuungsunterhalt.

Allerdings hat es der Gesetzgeber unterlassen, sich zur Berechnungsweise zu äussern, sodass einige Unsicherheiten entstanden sind. Das Bundesgericht hat in einem Entscheid vom 17. Mai 2018 verschiedene Präzisierungen vorgenommen, die von der Praxis dankbar aufgenommen wurden.

Der Barunterhalt

Die Berechnung des Barunterhalts des Kindes ist meist unproblematisch. Es wird entweder auf konkrete Erfahrungswerte oder auf von der Gerichtspraxis entwickelte Pauschalzahlen abgestellt (siehe Seite 68). Übernimmt ein Elternteil praktisch die ganze Betreuung, wird er den ganzen Barunterhalt bekommen und muss folgerichtig auch alle Kinderkosten bezahlen. Wird die Betreuung aufgeteilt, muss geklärt werden, wer für welche Kosten (Krankenkasse, Kleider, Auslagen für Freizeit und Handy, Taschengeld, Ferien etc.) aufkommt.

Die neue Rechtsprechung zum Unterhalt (siehe Seite 94) führt dazu, dass vermehrt eine Drittbetreuung nötig wird. Muss der hauptsächlich betreuende Elternteil ab der obligatorischen Einschulung des jüngsten Kindes einer 50-prozentigen Erwerbstätigkeit nachgehen, ist dies nur möglich, wenn die Kinder in Hort, Tagesschule, Mittagstisch oder anderweitig betreut werden. Diese **Drittbetreuungskosten** sind beim Barunterhalt zu berücksichtigen.

Oft ist es am einfachsten, ein «**Kinderkonto**» zu eröffnen, auf das die Eltern entsprechend ihrer Leistungsfähigkeit einzahlen und von dem sie Geld beziehen, um die Kosten der Kinder zu decken, wenn diese bei ihnen sind. Dies setzt allerdings voraus, dass sich die Eltern an die Abmachungen halten und keine zu hohen Bezüge tätigen.

Der Betreuungsunterhalt

Gemäss Bundesgericht ist der Betreuungsunterhalt nach der «Lebenshaltungskosten-Methode» zu berechnen. Das bedeutet aber nicht, dass auf die effektiven – bei guten finanziellen Verhältnissen allenfalls sehr hohen – Lebenshaltungskosten abgestellt wird. Vielmehr orientieren sich die Gerichte am «familienrechtlichen Existenzminimum», was zu einer pauschalierenden Berechnung führt: Die Lebenshaltungskosten liegen je nach Kanton und Berechnungsweise zwischen 2500 und 3500 Franken. Um diesen Betrag erhöht sich der Kinderunterhalt, wenn ein Elternteil wegen der Kinderbetreuung nicht erwerbstätig sein kann. Als Ausgangspunkt wird also nicht der tatsächliche Verdienstausfall genommen, der wegen der Kinderbetreuung entsteht. Dies liesse sich in den meisten Familien gar nicht finanzieren.

Weiter muss der prozentuale Anteil jedes Elternteils an der Betreuung bestimmt werden. In der Regel wird dabei von einem üblichen Arbeitspensum ausgegangen: Montag bis Freitag = 100 Prozent. Die Wochenenden werden nicht mitgezählt. Betreut zum Beispiel die Mutter die Kinder während der ganzen Woche, ist sie rechtlich gesehen «Alleinbetreuerin» – auch wenn der Vater die Kinder am Wochenende bei sich hat. Demzufolge ist ein voller Betreuungsunterhalt geschuldet.

Anders sieht die Rechnung aus, wenn die Eltern die Betreuung unter der Woche aufteilen wie im folgenden Beispiel.

JANINA R. BETREUT IHRE TOCHTER von Montag bis Mittwochabend; Donnerstag und Freitag ist Elena bei ihrem Vater, Mirko R. Die Mutter leistet also 60 Prozent der Betreuung, der Vater 40 Prozent. Diese Betreuungsanteile werden «verrechnet»; Mirko R. schuldet damit einen Betreuungsunterhalt von 20 Prozent. Das Existenzminimum im Kanton der R.s wird mit 3000 Franken beziffert. Als Barunterhalt für Elena wurden 1500 Franken berechnet. Der gesamte Unterhaltsbeitrag beträgt also:

Barunterhalt	Fr.	1500.–
Betreuungsunterhalt: 20% von Fr. 3000.–	Fr.	600.–
Total	Fr.	2100.–

Betreuen beide Eltern die Kinder im gleichen Umfang, ist kein Betreuungsunterhalt geschuldet.

Und wenn sich die Verhältnisse ändern?

Die Betreuungsanteile sind nicht fix. Je nach den beruflichen Verpflichtungen der Eltern, aber auch je nach Alter und schulischer Situation der Kinder sind sie Veränderungen unterworfen. Dies hat einen direkten Einfluss auf den Betreuungsunterhalt. Solche Veränderungen werden nach der Gerichtspraxis berücksichtigt, wenn sie erheblich und dauerhaft sind. Als erheblich wird wohl eine Veränderung der Betreuungsanteile im Umfang eines halben oder ganzen Arbeitstags eingestuft werden (entspricht 10 bis 20 Prozent). Zu vermuten ist, dass in Zukunft häufiger als früher neu gerechnet werden muss.

! **TIPP** *Achten Sie darauf, dass in Ihrer Vereinbarung über den Kinderunterhalt nicht nur festgehalten ist, von welchen Einkünften und Kinderkosten ausgegangen wurde, sondern dass auch die Betreuungsanteile klar aufgeführt sind.*

Wie hoch sind die Unterhaltsbeiträge?

Wenn Sie und Ihr Mann, Ihre Frau gemeinsam das Budget für die Trennungszeit aufstellen, werden Sie überlegen, wie viel die beiden Haushalte je kosten und wer wie viel beisteuern kann respektive muss. Genauso gehen die Eheschutzgerichte vor und legen einen Gesamtunterhaltsbeitrag für den wirtschaftlich schwächeren Elternteil und die Kinder fest (siehe Seite 98).

Es gilt nun, die Kinderalimente – den Barunterhalt und den Betreuungsunterhalt – aus diesem Gesamtbetrag auszuscheiden (Koordination des Ehegatten- und Kinderunterhaltsbeitrags). Dasselbe sollten Sie auch tun, wenn Sie sich ohne Gericht auf Unterhaltsbeiträge einigen. Berücksichtigen Sie beim Barunterhalt folgende Positionen:

■ Grundbetrag pro Kind: 400 Franken für ein Kind bis zu zehn Jahren und 600 Franken für Kinder im Alter über zehn bis zu 18 Jahren. Diese Zahlen gelten für den Kanton Zürich, die Ansätze in anderen Kantonen sind ähnlich. Damit sind Kleidung und Ernährung abgedeckt.

- Sämtliche das Kind betreffende Zuschläge: Krankenkassenprämien, Schulgeld und Ähnliches.
- Anteil an den Wohnkosten: 30 Prozent vom Mietzins bei einem Kind, je 20 Prozent bei zwei Kindern. Sind es drei und mehr Kinder, kann ihr Wohnanteil insgesamt über 50 Prozent betragen.
- Weitere Kosten, die für die Kinder anfallen: Telefon, Handy, Internet, Taschengeld etc.
- Anteil am Überschuss: Ist mehr Geld vorhanden, als Sie für die Finanzierung der beiden Haushalte benötigen, haben die Kinder Anspruch auf einen Anteil an diesem Überschuss (mehr dazu auf Seite 108).
- Steueranteil, der auf den Kinderunterhaltsbeitrag entfällt.

Zu diesem Barunterhalt kommt der Betreuungsunterhalt hinzu. Dieser hängt, wie im Beispiel auf Seite 67 gezeigt, von den Betreuungsanteilen und vom Einkommen des betreuenden Elterteils ab.

Die Auflistung zum Barunterhalt mag etwas pingelig anmuten. Doch dass der Kinderunterhaltsbeitrag im Sinn der Kostenwahrheit den effektiven Kosten entspricht und nicht etwa zu tief angesetzt wird, kann in zwei Fällen wichtig werden:
- Werden die Unterhaltsbeiträge nicht bezahlt und muss eine Bevorschussung verlangt werden, ist dies in den meisten Kantonen nur für die Alimente der Kinder möglich. Die Kinderalimente sollten deshalb mindestens das in Ihrem Kanton bevorschusste Maximum erreichen. Im Kanton Zürich beispielsweise sind dies 940 Franken pro Monat (Stand 2018; zur Bevorschussung siehe Seite 188).
- Wenn der Ehegattenunterhaltsbeitrag für die obhutsberechtigte Mutter (oder den Vater) später wegfällt – beispielsweise weil sie selber zu hohe Einkünfte hat oder in einer eheähnlichen Gemeinschaft lebt –, ist es wichtig, dass die verbleibenden Kinderalimente (inklusive Betreuungskosten) die effektiven Kinderkosten decken und nicht etwa zu tief angesetzt sind.

Grundsätzlich gilt, dass die Kinder am gleichen Lebensstandard teilhaben dürfen wie die Eltern. Je höher also die Einkommen, desto höher die Alimente. Auch bei sehr hohen Einkünften übersteigen sie jedoch selten den Betrag von 2500 Franken pro Monat. Privatschulkosten und die Auslagen für die Kinderbetreuung, wenn beide Eltern berufstätig sind, können zu höheren Unterhaltsbeiträgen führen. Kann der Elternteil, der die Kinder nicht bei sich hat, mit seinen Einkünften nicht einmal das eigene Existenzminimum decken, muss er keine Unterhaltsbeiträge für die Kinder zahlen (siehe Seite 110).

PAUL L. VERDIENT 7500 FRANKEN. Seine Frau Marlies widmet sich ganz den drei Kindern, die alle noch unter fünf Jahre alt sind. Das Gericht setzt Kinderunterhaltsbeiträge von 1500 Franken pro Kind fest (Barunterhalt 700 Franken und Betreuungsunterhalt 800 Franken). Der Gesamtbetrag von 4500 Franken geht an die Mutter, Paul L. verbleiben für sich selbst 3000 Franken.

HANS O. IST NACH LANGER ARBEITSLOSIGKEIT ausgesteuert und lebt von der Sozialhilfe. Für seine Kinder, sechs- und zwölfjährig, kann kein Unterhaltsbeitrag festgesetzt werden. Findet Herr O. allerdings wieder eine Arbeit, muss er dies sofort der Mutter mitteilen, damit neu gerechnet werden kann.

2500 FRANKEN HÄLT DAS GERICHT als Unterhaltsbeitrag für die 17-jährige Tochter von Lorenz und Dora P. für angemessen. Herr P. verdient 10 000 Franken. Weil auch die Mutter in einem 100-Prozent-Pensum arbeitet, ist kein Betreuungsunterhalt geschuldet; die 2500 Franken decken den Barunterhalt der Gymnasiastin.

ALBERT T. VERDIENT ÜBER 500 000 FRANKEN im Jahr. Er zahlt für jedes seiner drei Kinder 4250 Franken monatlich. Der Betrag setzt sich aus dem Barunterhalt von 3000 Franken und einem Betreuungsunterhalt von 1250 Franken zusammen, weil die Mutter nicht berufstätig ist.

Ausserordentliche Auslagen, zum Beispiel für eine notwendige spezielle Schul- oder Berufsausbildung (Privatschulen), hohe Arzt- und Betreuungskosten, sind in den Unterhaltsbeiträgen nicht enthalten und müssen von den Eltern entsprechend ihrer Leistungsfähigkeit zusätzlich übernommen werden.

In finanziell engen Verhältnissen werden auch die Einkünfte älterer Kinder, insbesondere die Lehrlingslöhne, berücksichtigt. Angerechnet wird in der Regel ein Drittel des Nettoeinkommens des Kindes, höchstens jedoch der für dieses geltende Zuschlag zum Grundbetrag (siehe Seite 100).

INFO *Erhält der Elternteil, der die Kinderalimente bezahlen muss, zufolge Pensionierung oder wegen einer Invalidität Kinderrenten der AHV, IV oder der Pensionskasse, werden diese dem Kind bzw. dem betreuenden Elternteil ausgezahlt. Der bisherige Unterhaltsbeitrag verringert sich im Umfang dieser Sozialversicherungsleistungen. Oft macht ein solches Ereignis allerdings eine vollständig neue Unterhaltsberechnung notwendig.*

Und in den Ferien?

Unterhaltsbeiträge müssen während der Ferien in voller Höhe bezahlt werden – auch wenn der oder die Unterhaltspflichtige die Kinder bei sich hat. Die Beträge werden ja nicht einzeln für den Ferienmonat, den Monat mit der Zahnarztrechnung und den Monat mit dem Schulausflug berechnet; sie stellen eine auf längere Zeit bemessene Durchschnittsleistung dar. Die laufenden Kosten für die Kinder – Unterkunft, Bekleidung, Ausbildung etc. – fallen auch an, wenn sie in den Ferien sind.

Wer erhält die Familienzulagen?

Wer angestellt erwerbstätig ist, erhält eine Familienzulage von mindestens 200 Franken für jedes Kind bis zum 16. Altersjahr und von

250 Franken für jedes ältere Kind, solange sich dieses in Ausbildung befindet (längstens bis zum 25. Geburtstag). Die Kantone können über die vom Bund vorgeschriebenen Mindestsätze hinausgehen. Teilzeitbeschäftigte erhalten Familienzulagen, sofern sie mindestens 7050 Franken pro Jahr verdienen (Stand 2019). Auch Selbständigerwerbende können Familienzulagen beanspruchen. Nichterwerbstätige können Zulagen verlangen, wenn ihr steuerbares Einkommen (Renten, Stipendien, Vermögenserträge) 42 300 Franken im Jahr nicht übersteigt und sie keine Ergänzungsleistungen beziehen.

Pro Kind wird nur eine Zulage ausgerichtet. Sind Vater und Mutter erwerbstätig und könnten beide Familienzulagen beziehen, werden sie an den Elternteil ausgezahlt, der hauptsächlich mit dem Kind zusammenlebt.

Die Familienzulagen müssen zusätzlich zu den gerichtlich festgesetzten Unterhaltsbeiträgen bezahlt werden – es sei denn, das Gericht habe etwas anderes angeordnet. Besteht die Gefahr, dass zum Beispiel der Vater das Geld für sich behält, kann die Mutter, die mit den Kindern zusammenlebt, die Direktauszahlung an sich beantragen.

INFO *Familienzulagen können während bestehender Ehe – also auch während einer Trennung – nicht nur für die eigenen, sondern auch für die Stiefkinder verlangt werden.*

Unterhalt für volljährige Kinder

Ihre gesetzliche Unterhaltspflicht als Eltern dauert bis zur Volljährigkeit Ihres Kindes. Hat es dann seine Erstausbildung noch nicht abgeschlossen, müssen Sie weiter für seinen Unterhalt aufkommen, wenn dies für Sie zumutbar ist. Da heute die wenigsten Jugendlichen schon mit 18 ihre Ausbildung beendet haben, erhalten die Kinder in der Regel darüber hinaus Unterhaltsbeiträge.

Sind sich Eltern und Kinder nicht einig, müssen die volljährigen Jugendlichen selber aktiv werden und von beiden Eltern entsprechend ihrer Leistungsfähigkeit angemessene Unterhaltsbeiträge verlangen.

INFO *Jugendliche, die gegen ihre Eltern gerichtlich vorgehen müssen, wenden sich am besten an die Kinder- und Erwachsenenschutzbehörde (Kesb) an ihrem Wohnsitz. Diese kann für sie tätig werden oder nennt ihnen spezialisierte Anwälte. Den Jugendlichen wird in der Regel die unentgeltliche Prozessführung gewährt (siehe Seite 168), sodass wegen Gerichts- und Anwaltskosten niemand auf sein Unterhaltsrecht verzichten muss.*

Kriterien für den Unterhalt

Die Eltern sind verpflichtet, eine Erstausbildung mitzufinanzieren; eine Zweitausbildung muss die Tochter, der Sohn selbst berappen. Unterhaltszahlungen können so lange verlangt werden, wie die in Aussicht genommene Erstausbildung üblicherweise dauert. Ein «ewiger Student» kann sich also nicht ein zwanzigjähriges Studium von den Eltern finanzieren lassen. Anderseits gibt es keine fixe Altersgrenze etwa in dem Sinn, dass die Eltern spätestens nach dem 25. Altersjahr von Unterhaltszahlungen befreit wären. Auch wenn eine junge Frau einmal bei einer Prüfung durchfällt oder wenn sie aus einsichtigen Gründen die Studienrichtung ändert und die Ausbildung deshalb länger dauert, erhält sie weiterhin Unterhalt.

Ein Verdienst während der Semesterferien, der Lehrlingslohn oder die Einkünfte bei einer berufsbegleitenden Ausbildung werden an die Unterhaltsbeiträge angerechnet.

TIPP *Am besten erarbeiten Sie gemeinsam mit Ihrem Sohn, Ihrer Tochter ein Budget und klären, wie viel er oder sie – beispielsweise mit einem Job während der Semesterferien – beitragen kann. Den Fehlbetrag müssen Sie als Eltern entsprechend*

Ihrer Leistungsfähigkeit übernehmen. Vergessen Sie nicht, die Naturalleistungen – also Kost und Logis – angemessen zu berücksichtigen. Der Elternteil, bei dem das Kind wohnt und sich verpflegt, erbringt einen Teil des Unterhalts in natura; entsprechend vermindert sich der von ihm geschuldete Barunterhalt. Halten Sie die Grundlagen in einer Vereinbarung fest. Das erleichtert Ihnen eine neue Berechnung, wenn sich Lebens- oder finanzielle Umstände verändern sollten.

Nicht alles ist zumutbar
Volljährige Kinder können nur dann Unterhaltsbeiträge verlangen, wenn dies für die Eltern zumutbar ist. Das bedeutet zweierlei:

- Unterhaltszahlungen können nur verlangt werden, wenn dem Vater oder der Mutter danach noch ein Einkommen bleibt, das den erweiterten Bedarf um ungefähr 20 Prozent übersteigt (siehe Seite 99 und 101).
- Zudem wird auch eine einigermassen intakte persönliche Beziehung verlangt. Ein Jugendlicher, der seinen Vater grundlos ablehnt und jeden Kontakt zu ihm verweigert, dürfte unter Umständen Schwierigkeiten haben, über die Volljährigkeit hinaus Unterhaltsbeiträge zugesprochen zu erhalten.

Die Unterhaltspflicht gegenüber dem minderjährigen Kind geht den anderen familienrechtlichen Unterhaltspflichten vor. Ausnahmen zugunsten eines volljährigen Kindes sind jedoch möglich (Art 276a ZGB). Das kann dazu führen, dass nicht mehr ausreichend Mittel für den Ehegattenunterhalt vorhanden sind. Dies wird dadurch gemildert, dass im Unterhalt für Minderjährige nun auch die Betreuungskosten inbegriffen sind, wovon indirekt der betreuende Elternteil profitiert.

Die Rechte der Kinder im Verfahren

Kinder sind von einer Trennungs- oder Scheidungssituation besonders betroffen. Deshalb werden sie in vielfältiger Weise ins Verfahren einbezogen und haben die Möglichkeit, selbst Anträge zu stellen. Dies steht im Einklang mit der UNO-Kinderrechtskonvention, deren Artikel 12 in der Schweiz gemäss bundesgerichtlicher Rechtsprechung direkt anwendbar ist.

Die starke rechtliche Stellung der Kinder zeigt sich vor allem beim persönlichen Kontakt und bei der Betreuung. Dies sind Rechte, die nicht nur Vater und Mutter, sondern genauso den Kindern zustehen. Kinder haben ein eigenes Antragsrecht; sie können zudem, wenn sich nach der Trennung herausstellt, dass die Regelung der Betreuung nicht sachgerecht ist, selbst eine Abänderung beantragen. Erforderlich ist allein, dass sie hinsichtlich der infrage stehenden Probleme urteilsfähig sind, was in der Regel ab dem zwölften Altersjahr angenommen wird.

Das Recht auf persönliche Anhörung

Muss die Kindes- und Erwachsenenschutzbehörde (Kesb) oder das Eheschutzgericht Anordnungen über Kinder treffen, werden diese persönlich angehört, soweit nicht ihr Alter oder andere wichtige Gründe dagegen sprechen. Das Gericht hat die Pflicht, eine Stellungnahme des Kindes einzuholen. Es kann mit dieser Aufgabe auch eine Kinderpsychologin, einen Kinderpsychiater, Sozialarbeiterinnen der Jugendsekretariate oder andere Fachpersonen beauftragen.

TANJA UND FRANZ C. stehen vor dem Eheschutzgericht. Sie streiten sich darüber, bei wem der 13-jährige Georg und die 16-jährige Valeria wohnen sollen. Die Richterin lädt nach der Verhandlung die Kinder zu einem Gespräch ins Gerichtsgebäude ein. Sie erkundigt sich nach der schulischen Situation, dem Tagesablauf der Kinder und nach ihren Vorstellungen über die weitere Ausbildung. Mit behutsamen Fragen macht sie sich ein Bild über das Verhältnis der beiden Jugendlichen zu ihren Eltern und über das Engagement von Vater und Mutter. Gestützt auf das Gespräch und mit Blick auf die bisherige Rollenverteilung in der Familie macht sie den Eltern einen Vorschlag für die Gestaltung der künftigen Eltern-Kind-Beziehung. Herr und Frau C. sehen ein, dass dieser Vorschlag ihren Kindern am besten dient, und willigen ein.

Die Anhörung findet in altersgerechter Form statt: Kleine Kinder bis zum Alter von sechs Jahren werden – wenn überhaupt – durch Fachpersonen (Kinderpsychologen, Kinderpsychiaterinnen, spezialisierte Sozialarbeiter) angehört. Bis zum Alter von etwa elf Jahren wird die Anhörung der Kinder je nach Gericht von Fachpersonen oder allenfalls von einem Richter – der sich meist speziell für diese Aufgabe weitergebildet hat – durchgeführt. Ältere Kinder werden in der Regel von der Richterin angehört.

Die Anhörung ist ein Recht, aber keine Pflicht. Ab etwa dem zwölften Altersjahr kann ein Kind darauf verzichten. In der Regel erhalten die Kinder vom Gericht einen Brief, mit dem sie zur Anhörung eingeladen und dabei auch auf die Möglichkeit des Verzichts aufmerksam gemacht werden. Ein einfacher Brief ans Gericht genügt, um den Verzicht bekannt zu geben.

INFO *Eine gute Darstellung über Sinn und Zweck sowie den Ablauf einer Anhörung finden Sie in den Broschüren des Marie Meierhofer Instituts für das Kind, sowohl aus der Sicht der*

Kinder wie auch der Eltern (www.mmi.ch → Shop → «und Kinder»
→ Kindesanhörung).

Der Vertretungsbeistand

Wenn sich die Eltern vor dem Eheschutzgericht massiv über die Obhut, den persönlichen Kontakt oder die Unterhaltsbeiträge streiten, ist das Kindeswohl gefährdet. Manchmal stellt auch das Gericht in der gerichtlichen Anhörung der Kinder fest, dass die von den Eltern gemeinsam vorgesehene Regelung nicht im Interesse des Sohnes, der Tochter ist. In solchen Fällen erhalten die Kinder einen Vertretungsbeistand, der ihre Rechte und Interessen im Prozess wahrnimmt. Ist ein Kind urteilsfähig – was in der Regel ab dem vollendeten zwölften Lebensjahr angenommen wird –, kann es selbst einen Beistand verlangen. Einem solchen Wunsch muss das Gericht stattgeben. Auch die Kesb kann einen Antrag auf einen Vertretungsbeistand stellen.

TIPP *Es ist wichtig, dass Sie als Eltern Ihre Kinder auf diese Rechte aufmerksam machen. Wenn ein Kind vertreten sein möchte, sich aber nicht getraut, dies dem Gericht mitzuteilen, kann eine Vertrauensperson – beispielsweise ein Lehrer, der Götti oder die Gotte, eine Nachbarin – das Gericht oder das Jugendsekretariat auf den Wunsch des Kindes aufmerksam machen.*

Besonderer Schutz im Verfahren

Geht es um die Belange der Kinder – also um die Regelung der Obhut und der Betreuung und allenfalls auch schon der elterlichen Sorge, um die Gestaltung des persönlichen Kontakts und die Festsetzung der Kinderunterhaltsbeiträge –, gilt die sogenannte Offizialmaxime. Weil

Kinder in besonderem Mass schutzbedürftig sind und weil sich für die Eltern Konflikte zwischen den eigenen Interessen und denjenigen der Kinder ergeben können, achtet das Eheschutzgericht von sich aus darauf, dass dem Kindeswohl Rechnung getragen wird. Dies bedeutet ein Mehrfaches:

- Rufen Eltern für ihre Trennung das Eheschutzgericht an, wird der Richter oder die Richterin von Amtes wegen die Kinderfragen regeln, auch wenn die Eltern selbst dazu gar keine Anträge gestellt haben.

- Viele Eltern einigen sich über die Kinderbelange selbständig in einer Vereinbarung, ohne das Eheschutzgericht beizuziehen. Eine solche Absprache gilt aber nur auf Zusehen hin, solange beide Parteien damit einverstanden sind. Gibt es später Probleme, wird das Gericht unabhängig davon eine im Interesse des Kindes liegende Regelung treffen.

- Soll eine Vereinbarung über die Kinder auch bei einer späteren Uneinigkeit rechtlich verbindlich sein, müssen die Eltern sie vom Eheschutzgericht genehmigen lassen.

3

Der Unterhalt während der Trennungszeit

Gemeinsam zu einer fairen Regelung

Glücklich die Paare, bei denen sich die Unterhaltsfrage gar nicht stellt: Wenn keine Kinder betreut werden müssen, beide Seiten erwerbstätig und die Einkommensunterschiede nicht allzu gross sind, kann man sich trennen, ohne dass die finanzielle Unterstützung ein Thema wird. Aus der Scheidungsstatistik ist bekannt, dass in mehr als der Hälfte der Fälle keine Unterhaltsbeiträge für Ehegatten zugesprochen werden. Bei Trennungen wird dies nicht anders sein.

In anderen Ehen gehört die Frage nach den Unterhaltsbeiträgen während der Trennung zu den brisanten Themen. Ist überhaupt Unterhalt geschuldet und wenn ja, wie hoch soll er sein? Kommt hinzu, dass das, was während der Trennung gilt, meist Auswirkungen auf die definitive Unterhaltsregelung bei einer späteren Scheidung hat. Diese präjudizierende Wirkung verschärft den Konflikt: Jede Seite versucht möglichst früh, das Terrain zu ihren Gunsten abzustecken.

Trotzdem gibt es auch beim Unterhalt gute Gründe dafür, sich mit dem Partner, der Partnerin auf eine faire Lösung zu einigen. Die Erfahrung zeigt, dass die Zahlungsmoral so deutlich höher ist. Und sollte es später zur Scheidung kommen, sind die Chancen besser, dass Sie auch dann eine gemeinsame Lösung finden, wenn Sie bereits das Erfolgserlebnis einer einvernehmlichen Trennung erfahren haben.

INFO *Unterhaltsbeiträge werden in der Regel ab dem Auszugsdatum bezahlt. Auch die Eheschutzgerichte setzen die Beiträge für die Zukunft fest. Lebt ein Ehepaar bereits ge-*

trennt, können Alimente aber auch rückwirkend – bis zu einem Jahr vor Einreichen des Eheschutzbegehrens – gefordert werden. Wenn Sie also in der Hoffnung auf eine gütliche Einigung mit einem Eheschutzbegehren noch etwas zuwarten, laufen Sie nicht Gefahr, finanzielle Einbussen hinnehmen zu müssen.

Individuelle Lösungen sind gefragt

Auf den folgenden Seiten werden die drei Schritte dargestellt, die in den meisten Fällen zu einer sachgerechten Lösung führen:

1. Ausgangspunkt sind die vorhandenen oder bei gutem Willen erzielbaren Einkünfte von Mann und Frau (siehe Seite 88).
2. Dann wird gefragt, wie hoch die Lebenshaltungskosten der beiden Teilfamilien sind (siehe Seite 98).
3. Auf dieser Basis wird der Unterhaltsbeitrag errechnet (siehe Seite 106). Ergibt sich ein Einkommensüberschuss bzw. ein Defizit, müssen sich die Eheleute über die Verteilung klar werden (siehe Seite 108 und 110).

Wenn Sie sich an diesen konkreten, unterhaltsrechtlichen Bemessungsfaktoren orientieren, bewegt sich Ihre Diskussion um die Alimente nicht im – konfliktträchtigen – leeren Raum, sondern hat Hand und Fuss.

Die stimmige Lösung finden

Wie hoch der Unterhaltsbeitrag letztlich ausfällt, muss für jede Familie anhand der konkreten Verhältnisse geklärt werden. Die für alle richtige Lösung gibt es nicht, nirgends ist der Ermessensspielraum so gross wie beim ehelichen Unterhalt. Das macht auch für Spezialisten – etwa eine Beratungsstelle oder einen Anwalt – eine Prognose über den Ausgang eines gerichtlichen Verfahrens sehr schwierig.

Mit schematischen Pauschalisierungen kommen Sie nicht weit. Die Faustregel etwa, dass neben den Kinderunterhaltsbeiträgen ein Drittel des Einkommens der erwerbstätigen Seite als Unterhaltsbeitrag geschuldet sei, kann einen ersten Anhaltspunkt bilden, mehr aber nicht. Misstrauen Sie den guten Ratschlägen von Freunden und Freundinnen. Auch Zahlen aus anderen Trennungen, die Sie vom Hörensagen kennen, sind mit grosser Vorsicht zu geniessen und haben meist für Ihren Fall keinerlei Aussagekraft. Wer, wenn nicht Sie selbst und Ihr Partner, Ihre Partnerin, sollte denn in der Lage sein, die für Ihre Familie stimmige Lösung zu finden?

Die folgenden Überlegungen helfen Ihnen, wenn Sie die richtige Regelung für Ihre Situation suchen:

- Orientieren Sie sich am Lebensstandard, den Ihre Familie bisher gepflegt hat.
- Stellen Sie in Rechnung, dass der Unterhaltsbeitrag für den Elternteil, der die Kinder bei sich hat, zu einem wesentlichen Teil auch diesen zugute kommt – der betreuende Elternteil und die Kinder sollen erhalten, was sie vernünftigerweise zum Leben brauchen.
- Auch wenn Sie bisher zu Hause geblieben sind und die Kinder betreut haben, werden Sie wahrscheinlich nach Möglichkeiten suchen müssen, wie Sie selbst zu den Einkünften beisteuern können. Bei den am weitesten verbreiteten Familieneinkommen von 5000 bis 8000 Franken besteht kein Spielraum mehr, wenn zwei Haushalte finanziert werden müssen.

Die Auskunftspflicht

Eine angemessene Unterhaltsregelung setzt in erster Linie voraus, dass Klarheit über die finanziellen Grundlagen der Familie herrscht. Mann und Frau sind deshalb verpflichtet, sich gegenseitig vorbehaltlos Auskunft über ihre Einkünfte, ihr Vermögen und den daraus fliessenden Ertrag zu geben und Belege dazu vorzulegen. Gefragt sind Lohnausweise, Konto- und Depotauszüge, Unterlagen zu Liegenschaften etc. Selbständigerwerbende müssen ihre Buchhaltung für die letzten drei bis fünf Jahre offenlegen. Heimlichtuerei ist fehl am Platz und wird nur dazu führen, dass schliesslich das Eheschutzgericht eingeschaltet werden muss. Dieses wird die nötigen Belege bei Arbeitgebern, Banken, Treuhänderinnen oder Steuerbehörden einfordern.

RUDOLF R. BETREIBT neben seiner hauptberuflichen Tätigkeit einen gut florierenden Kleinhandel mit italienischem Olivenöl. Das bringe unter dem Strich nichts, lautet seine lakonische Antwort, als seine Ehefrau Anita Auskunft verlangt. Er führe gar nicht Buch darüber. Frau R. weiss immerhin, dass die Einnahmen und Ausgaben über ein Konto bei der UBS laufen. Sie ersucht den Eheschutzrichter, bei der Bank die entsprechenden Belege anzufordern. Die Bank kann sich nicht auf das Bankgeheimnis berufen und muss dem Gericht die vollständigen Kontoauszüge der letzten drei Jahre einliefern. Anhand dieser Unterlagen kann Frau R.s Anwältin den erzielten Durchschnittsgewinn ermitteln, und dieser wird bei der Unterhaltsberechnung berücksichtigt.

Erste Anhaltspunkte über die finanzielle Situation der Familie gibt die Steuererklärung. Beim Steueramt der Gemeinde können Sie Kopien der vollständigen Steuererklärungen für die letzten Jahre des gemeinsamen Haushalts verlangen.

In drei Schritten zum richtigen Unterhaltsbeitrag

Mann und Frau sorgen gemeinsam, jede Seite nach ihren Kräften, für den Unterhalt der Familie. So steht es auch im Zivilgesetzbuch. Erwerbstätigkeit, Haushaltsführung und Kinderbetreuung gelten als gleichwertige Tätigkeiten; das Gesetz gibt keine Rollenverteilung vor. Die Eheleute verständigen sich selbst über die Art und den Umfang des Beitrags, den jede Seite leistet.

Das eheliche Unterhaltsrecht ist geschlechtsneutral – die wirtschaftlich stärkere Seite schuldet der anderen Unterhalt, wenn die Voraussetzungen dafür erfüllt sind. Dass auch heute meist die Männer zur Kasse gebeten werden, hängt damit zusammen, dass die Frauen, weil sie sich hauptsächlich um Kinder und Haushalt gekümmert haben, weniger oder nichts verdienen. So ist denn auf den folgenden Seiten mehrheitlich von unterhaltspflichtigen Männern und unterhaltsberechtigten Frauen die Rede. Umgekehrte Konstellationen sind aber ohne Weiteres denkbar: Der invalide, der schlecht verdienende, der arbeitslose oder der sich in einer Ausbildung befindende Ehemann kann von seiner gut gestellten Gattin Unterhaltsbeiträge verlangen.

TIPP *Halten Sie die Grundlagen Ihrer Unterhaltsberechnung sorgfältig fest (siehe Formulierung in der Mustervereinbarung im Anhang). Sollten sich später die Verhältnisse ändern, ist es mit diesen Angaben viel einfacher, eine Neuberechnung vorzunehmen.*

Bisherige Rollenverteilung oder beruflicher Wiedereinstieg?

Die Rechtsprechung ist schwankend, wenn es darum geht, ob ein getrennt lebendes Ehepaar die bisherige Rollenverteilung beibehalten soll oder ob die Hausfrau, der Hausmann eine Erwerbstätigkeit aufnehmen bzw. das Pensum erhöhen muss.

Während langer Zeit galt, dass die von einem Ehepaar gelebte Rollenverteilung auch bei einer Trennung möglichst wenig verändert werden solle, um die Aussicht auf Versöhnung und Fortsetzung der Ehe nicht zu beeinträchtigen. Die Aufhebung des gemeinsamen Haushalts wurde – wie schon der Name des zuständigen Gerichts zeigt – in erster Linie als Massnahme zum Schutz der Ehe verstanden.

Vor allem wenn die Trennung eine Vorstufe zur Scheidung darstellt – was heute häufig der Fall ist –, argumentieren einige Gerichte anders: Eine Ehe, die als Schicksalsgemeinschaft gescheitert ist, soll nicht zwei Jahre lang als reine «Versorgungseinrichtung» herhalten. Wenn nicht mehr ernsthaft erwartet werden kann, dass ein Paar wieder zusammenfindet, gewinnt das Ziel der wirtschaftlichen Selbständigkeit von Mann und Frau an Bedeutung. Mit anderen Worten: Getrennt lebende Verheiratete, die mit einer späteren Scheidung rechnen müssen, haben sich von Anfang an auf die veränderte Lage einzustellen. Und das kann bedeuten, dass auch eine langjährige Hausfrau sich nach einer Übergangsfrist wieder in die Berufswelt eingliedern muss. Sie kann also nicht einfach auf den bisherigen ehelichen Status vertrauen. Das Stichwort lautet **Eigenversorgungskapazität.**

Neuere Entscheide haben diese Haltung allerdings wieder etwas relativiert. Auch das Bundesgericht hat festgehalten: «Im Eheschutzverfahren ist eine Pflicht zur Aufnahme oder zur Ausdehnung einer Erwerbstätigkeit nur zu bejahen, wenn keine Möglichkeit besteht, auf eine während des gemeinsamen Haushalts gegebene Sparquote oder vorübergehend auf Vermögen zurückzugreifen, wenn die vorhandenen finanziellen Mittel – allenfalls unter Rückgriff auf Vermögen – trotz zumutbarer Einschränkungen für zwei getrennte Haushalte nicht ausreichen und wenn die Aufnahme oder Ausdehnung der Erwerbstätigkeit unter den Gesichtspunkten der persönlichen Verhältnisse des betroffenen Ehegatten (Alter, Gesundheit, Ausbildung u. ä.) und des Arbeitsmarktes zumutbar ist.» (BGE 130 III 537) Ob dies angesichts der neuen Rechtsprechung zum Unterhalt (siehe Seite 94) weiterhin gilt, bleibt abzuwarten.

1. Schritt: Wie hoch sind die Einkünfte auf beiden Seiten?

Grundsätzlich geht man bei der Berechnung des Unterhaltsbeitrags von den tatsächlich erzielten Einkünften beider Seiten aus. Die Zusammenstellung auf Seite 90 zeigt Ihnen, was dazu gehört. Welche Gesichtspunkte ein Eheschutzgericht berücksichtigt, wenn Sie sich nicht selber einigen können, erfahren Sie auf den folgenden Seiten.

Hypothetisches Einkommen
Wenn ein Ehegatte weniger arbeitet, als er bei gutem Willen könnte, und so seine Einkünfte absichtlich tief hält, wird ihm trotzdem das höhere Einkommen angerechnet, das er bei zumutbarer Anstrengung erzielen könnte.

HANNA H. HAT SICH im ehelichen Einfamilienhaus einen kleinen Coiffeursalon eingerichtet und ihre frühere Berufstätigkeit wieder aufgenommen. Sie gibt ihr monatliches Einkommen mit 1200 Franken an. Das Gericht ist der Meinung, dass Frau H., deren jüngstes Kind 14 Jahre alt ist, mehr verdienen könnte, und rechnet ihr nach einer Übergangsfrist von sechs Monaten ein Einkommen von 2000 Franken an.

Auch wenn eine Seite ihre finanzielle Leistungsfähigkeit absichtlich vermindert, wird ein hypothetisches Einkommen angerechnet. Kündigt der Ehemann also, um weniger Unterhalt bezahlen zu müssen, seine gut bezahlte Stelle und nimmt einen Halbtagsjob an, wird ihm dies nichts nützen. Das Gericht wird der Unterhaltsberechnung sein bisheriges Salär zugrunde legen. Allerdings muss gewährleistet sein, dass die Verminderung der Leistungsfähigkeit rückgängig gemacht werden kann. Ein hypothetisches Einkommen wird deshalb nie rückwirkend, sondern nur für die Zukunft angerechnet.

JAKOB U., 40-JÄHRIG, ist Oberstufenlehrer in einer grösseren Schulgemeinde. Als ihn seine Ehefrau mit Trennungswünschen konfrontiert, reduziert er sein Pensum kurzerhand auf 70 Prozent – aus gesundheitlichen Gründen, wie er vor dem Eheschutzgericht beteuert. Dies qualifiziert die Richterin als wenig überzeugend und befindet, dass Herr U. bei gutem Willen ohne Weiteres wieder 100 Prozent arbeiten könne. Mit Wirkung ab dem nächsten Schuljahr wird ihm das frühere, höhere Einkommen angerechnet.

Vermögensertrag und Vermögensverzehr
Der Ertrag, der aus dem Vermögen fliesst, wird in die Unterhaltsberechnung einbezogen. Allerdings muss differenziert werden: Die Nettoerträge aus vermieteten Liegenschaften und die Dividenden von Aktien werden (allenfalls ausgehend von Durchschnittswerten) berücksichtigt, bei Guthaben auf Bankkonten hingegen kann man heute mit keinem (oder nur noch mit einem sehr tiefen) Ertrag rechnen.

Nur selten wird von den Eheleuten verlangt, dass sie ihr Vermögen anbrauchen, um die Lebenshaltungskosten zu decken oder Unterhaltsbeiträge zu bezahlen. Vermögen, das in die Familienwohnung investiert ist, oder Erbschaften müssen in der Regel nicht verbraucht werden. Anders sieht es dann aus, wenn das Vermögen als Vorsorge für das Alter angespart wurde. Dann ist es gerechtfertigt, dieses für die

1. SCHRITT: MONATLICHE EINKÜNFTE DER EHEGATTEN

	Ehemann	Ehefrau
Einkünfte aus unselbständiger Erwerbstätigkeit – Nettoeinkommen (ohne Familienzulagen) – Anteil 13. Monatslohn – Spesenersatz mit Einkommenscharakter – Überstunden und Überzeit – Naturallohn (freie Kost und Logis, soweit dies nicht beim Bedarf berücksichtigt wird) – Provisionen – Gratifikation, Bonus, Mitarbeiteraktien etc. – Nebenerwerb		
Einkünfte aus selbständiger Tätigkeit (Durchschnitt der letzten 3 bis 5 Jahre)		
Erwerbsersatzeinkünfte – AHV-Rente – Rente der Pensionskasse – Leistungen der Arbeitslosenversicherung – IV-, UVG-Rente – Leistungen aus einer Taggeldversicherung		
Beiträge von Erwachsenen, die im selben Haushalt leben		
Vermögensertrag – Zinsen aus Guthaben – Liegenschaftenertrag – Evtl. Vermögensverzehr		
Hypothetisches Einkommen		
Total Einkünfte	**(A)** Fr. 7800.–	**(B)** Fr. 3000.–

Sicherstellung des Unterhalts der Eheleute nach ihrer Pensionierung anzugreifen.

DR. MED. PETER T. hat weder bei einer Pensionskasse noch in der Säule 3a ein Altersguthaben geäufnet. Die Altersvorsorge für ihn und seine Frau besteht in dem während der Erwerbstätigkeit gesparten Vermögen von zwei Millionen Franken. Das Ehepaar hat einen Ehevertrag abgeschlossen, der Frau T. nur ein Drittel dieses Vermögens zuweist. Das Gericht mutet dem Ehemann zu, sein Vermögen jährlich um 50 000 Franken zu vermindern, damit er seiner Frau einen angemessenen Unterhaltsbeitrag bezahlen kann.

Was wird dem finanziell Stärkeren angerechnet?
Das Einkommen von **Unselbständigerwerbenden** wird anhand des aktuellen Arbeitsvertrags, der jüngsten Salärbelege sowie des letzten Lohnausweises bestimmt. Die Analyse eines allenfalls vorhandenen Spesenreglements zeigt, ob versteckte Einkünfte vorhanden sind. Die Familienzulagen werden bei der Bestimmung des Einkommens nicht berücksichtigt; stattdessen sind sie zusätzlich zum Kinderunterhaltsbeitrag an den obhutsberechtigten Elternteil zu bezahlen (siehe Seite 71).

In vielen Branchen nimmt das fixe Gehalt tendenziell ab und wesentliche Lohnbestandteile werden in Form von Gratifikationen oder Boni leistungs- bzw. umsatzbezogen ausgerichtet. Bei solchen schwankenden Einkünften wird man sich sinnvollerweise auf einen realistischen Durchschnittswert verständigen und allenfalls vorsehen, dass die unterhaltsberechtigte Seite zusätzlich einen bestimmten Teil des Bonus erhält, falls dieser höher als erwartet ausfallen sollte.

Von einem Ehegatten, der voll erwerbstätig ist, wird nicht verlangt, auch noch einem Nebenerwerb nachzugehen. Nimmt er trotzdem eine solche Mehrleistung auf sich, soll er den Lohn grundsätzlich für sich behalten können. Wenn allerdings ein Ehemann schon früher regelmässig Überstunden leistete oder einen Nebenerwerb hatte und wenn er ohne diese Zusatzeinkünfte keinen angemessenen Unterhaltsbeitrag bezahlen kann, werden sie mit einbezogen. Der Ehemann, der in einer solchen Situation den Nebenerwerb aufgeben will, muss schon einen triftigen Grund angeben, damit das Gericht darauf eingeht.

Bei **Selbständigerwerbenden** wird das Durchschnittseinkommen aufgrund der Bilanzen und Erfolgsrechnungen der letzten drei bis fünf Jahre bestimmt. Dies kann sehr aufwendig sein. Eheschutzgerichte werden aber nur selten Expertisen einholen, denn ihr Ziel ist, möglichst schnell eine Regelung zu finden. Wenn die Behauptungen über die Höhe des Einkommens nicht glaubhaft sind, stellen die Gerichte deshalb jeweils auf die bisherige Lebenshaltung des Ehepaars und auf die Privatbezüge des Unternehmers ab.

CORINNA W. BETREIBT ein florierendes Blumengeschäft. Anhand von rudimentären Geschäftsunterlagen behauptet sie, nur 5000 Franken monatlich zu verdienen. Damit liesse sich jedoch der bisherige Lebensstil der Familie nicht finanzieren. Herr W. reicht dem Gericht eine Reihe von Ausgabenbelegen ein, und dieses errechnet daraus, dass die Familie monatlich etwa 9000 Franken ausgegeben hat. Ausgehend von diesem Einkommen setzt es den Unterhaltsbeitrag fest.

Massgebend sind grundsätzlich die Einkünfte zum **Zeitpunkt der Trennung;** diese bilden ja die Grundlage für den Lebensstandard, der die Ehe prägt, und nur diese Lebenshaltung muss durch Unterhaltsbeiträge sichergestellt werden. Ist bereits eine Veränderung der Einkommenssituation abzusehen, wird dieser Rechnung getragen. Bei einem Studenten, der unmittelbar vor der Berufsaufnahme steht, wird das Gericht auf den voraussichtlichen künftigen Lohn abstellen. Bei einer Ehefrau, die kurz vor der Pensionierung steht, wird die absehbare Einkommensverminderung berücksichtigt. Lässt sich allerdings das Ausmass einer bevorstehenden Reduktion nicht endgültig abschätzen, ist es oft sinnvoller, die Unterhaltsbeiträge in einem späteren Abänderungsverfahren anzupassen, statt von unsicheren, sich nachträglich als falsch erweisenden Prognosen auszugehen.

Künftige **Karrieresprünge** werden nur dann berücksichtigt, wenn sie zum Zeitpunkt der Trennung schon unmittelbar bevorstehen – also sozusagen ehebedingt sind.

◆ **MARCO D.** ist seit fünf Jahren Mitarbeiter in einer grossen Anwaltskanzlei und verdient 10 000 Franken pro Monat. Im letzten Jahr hat er allerdings ein Nachdiplomstudium absolviert und keine Einkünfte erzielt. Nun wird er Partner in der Kanzlei mit einem deutlich höheren Einkommen. Dass Herr D. sich voll auf die Karriere konzentrieren konnte, war nur möglich, weil seine Frau sich die letzten acht Jahre ausschliesslich um die Kinder und den Haushalt gekümmert hat. Das Gericht betrachtet deshalb den bevorstehenden Karrieresprung als ehebedingt und legt fest, dass die Unterhaltsbeiträge für Frau D. erhöht werden, sobald ihr Ehemann Partner in der Kanzlei wird.

Was wird dem finanziell Schwächeren angerechnet?
Ehefrauen – oder Ehemänner –, die sich ganz oder teilweise um den Haushalt gekümmert haben, werden heute von den Gerichten rascher aufgefordert, für das eigene wirtschaftliche Auskommen zu sorgen (siehe Seite 87). Auch während einer Trennung besteht kein uneingeschränkter Anspruch darauf, die bisherige Lebensweise beizubehalten.

◆ **DIE 49-JÄHRIGE LINDA R.** ist seit 15 Jahren zu 40 Prozent erwerbstätig. Durch die Trennung wird sie im Haushalt stark entlastet; die Kinder leben nicht mehr zu Hause. Die Eheschutzrichterin mutet Frau R. – auch mit Blick auf das nicht besonders hohe Einkommen des Ehemanns – eine hundertprozentige Erwerbstätigkeit zu und räumt ihr für die Stellensuche neun Monate Zeit ein. Danach reduziert sich ihr Unterhaltsbeitrag von 2000 auf 300 Franken.

Das bedeutet aber nicht, dass nun Unterhaltszahlungen generell zur Ausnahme würden. Selbstverständlich werden die Bedürfnisse der Kinder, die Ausbildung der Ehefrau, ihr Alter, ihre Gesundheit und ihre Chancen auf dem Arbeitsmarkt angemessen berücksichtigt.

Wenn Kinder zu betreuen sind

Bisher galt die «10/16er-Regel»: Die Betreuung der Kinder wurde, bis das jüngste Kind rund zehn Jahre alt war, als hundertprozentiger Beitrag an den Unterhalt der Familie angesehen, der eine zusätzliche Erwerbstätigkeit ausschloss. Mit älteren Kindern galt ein Teilzeitpensum von rund 50 Prozent als zumutbar. Wenn das jüngste Kind 16 war, wurde erwartet, dass die Mutter voll erwerbstätig war.

Das Bundesgericht hat diese Regel im September 2018 durch das sogenannte Schulstufenmodell ersetzt: Der hauptsächlich betreuende Elternteil muss demnach ab der obligatorischen Einschulung des jüngsten Kindes grundsätzlich zu 50 Prozent erwerbstätig sein, wenn das Kind in die Sekundarstufe übertritt, zu 80 Prozent, ab seinem 16. Geburtstag schliesslich zu 100 Prozent. Allerdings kann im Einzelfall aus zureichenden Gründen von dieser Regel abgewichen werden, etwa bei gesundheitlichen Problemen, Schwierigkeiten auf dem Arbeitsmarkt oder wenn es keine geeignete Drittbetreuung gibt, sodass eine Erwerbstätigkeit schlicht nicht möglich ist.

Sicher ist, dass einem Elternteil, der (wieder) eine Erwerbstätigkeit annehmen muss, eine angemessene Übergangszeit gewährt wird. Zudem setzt ein solcher schnellerer Wiedereintritt ins Berufsleben adäquate Drittbetreuungsstrukturen voraus. Gibt es in sinnvoller geografischer Distanz keine Betreuungsangebote, sind sie wegen langer Wartelisten nicht innert nützlicher Frist greifbar oder im Verhältnis zu den voraussichtlichen Mehreinkünfte schlicht zu teuer, dann bleibt bei kleineren Kindern nur die persönliche Betreuung.

◆ **DIE 35-JÄHRIGE DIANA S.** hat bei der Heirat ihre Stelle als kaufmännische Angestellte aufgegeben und ist seit acht Jahren Hausfrau. Nun lebt sie getrennt von ihrem Mann zusammen mit den beiden Kindern (sechs- und achtjährig). Bei der Berechnung der Unterhaltsbeiträge geht das Gericht davon aus, dass Frau S. auch finanziell zum Unterhalt der Familie beitragen muss und nach einer Übergangszeit von neun Monaten mit einem 50-Prozent-Pensum rund 2000 Franken verdienen kann. Das bringt eine spürbare Entlastung für Herrn S.

Diese Grundsätze gelten allerdings nur bei gemeinsamen Kindern. Eine Ehefrau, die während der Ehe mit einem anderen Mann ein Kind hat, kann vom Ehemann keine höheren Unterhaltsbeiträge verlangen.

Ehepaare ohne Kinder
Müssen keine Kinder betreut werden, hat die Ehefrau heute keinen Anspruch mehr darauf, ihren Beitrag an den Familienunterhalt allein durch die Führung des Haushalts zu leisten und von einer Erwerbstätigkeit grundsätzlich befreit zu sein.

Die **gesundheitliche Situation** der finanziell schwächeren Seite wird aber berücksichtigt. Wer wegen einer Krankheit oder Behinderung nur reduziert leistungsfähig ist, muss nicht eine volle Stelle annehmen. Ärztliche Gefälligkeitsatteste jedoch werden von den Gerichten kritisch begutachtet. Wer sich mit Migräne, Störungen des vegetativen Nervensystems oder ähnlichen Unpässlichkeiten um eine zumutbare Erwerbstätigkeit drücken will, wird wenig Erfolg haben.

Wer lange Jahre nicht im Erwerbsleben stand, hat Mühe, bei einer Trennung von heute auf morgen wieder selber den Lebensunterhalt zu verdienen. Aber auch Frauen, die Teilzeit arbeiten, finden heute nicht so rasch ein grösseres Pensum. Die **Situation auf dem Arbeitsmarkt,** die beruflichen Qualifikationen und weitere persönliche Umstände werden berücksichtigt bei der Frage, wie viel eigenes Einkommen einer Hausfrau nach der Trennung zugemutet werden kann.

HELENE E. IST 55 JAHRE ALT und seit 29 Jahren verheiratet, als ihre Ehe getrennt wird. Frau E. hat vor 25 Jahren ihre Erwerbstätigkeit aufgegeben und sich ganz auf den Haushalt und die Betreuung der unterdessen selbständigen Kinder konzentriert. Die Chancen für einen beruflichen Wiedereinstieg der ehemaligen Arztgehilfin stehen nicht gut. Weil die Einkünfte ihres Mannes für die Finanzierung des bisherigen Lebensstils ausreichen, mutet das Gericht Frau E. keine Erwerbstätigkeit zu.

So verbessern Sie Ihre Möglichkeiten
Bleiben Sie nicht untätig, wenn Sie als Hausfrau oder Hausmann bei Ihrer Trennung Probleme mit dem Unterhalt befürchten. Es besteht keine Garantie auf Beibehaltung der bisherigen Lebenshaltung. Die Gerichte verlangen, dass Sie bereits während der Trennung Schritte in Richtung wirtschaftliche Selbständigkeit unternehmen – insbesondere dann, wenn die Trennung erkennbarerweise die Vorstufe der Scheidung ist. Es liegt an Ihnen, überzeugend darzutun, warum dies nicht oder nicht im erwarteten Umfang möglich ist. Folgende Hinweise sollen Ihnen dabei helfen.

■ Nehmen Sie eine Laufbahnberatung in Anspruch. Lassen Sie professionell abklären, wie Ihre Wiedereinstiegschancen stehen. Wie können Sie veraltetes berufliches Wissen auf den neuesten Stand bringen? Welche Weiterbildungsmöglichkeiten gibt es? Was kosten sie und wie lange dauern sie? Entwickeln Sie Ihren persönlichen «Businessplan» und legen Sie überzeugend dar, weshalb Sie nicht bereits jetzt, sondern erst nach einer Weiterbildung erwerbstätig sein können und welche Einkünfte dann realistisch sind.

- Bewerben Sie sich für Stellen, die für Sie infrage kommen, und bewahren Sie Ihre Bewerbungsunterlagen und allfällige Absagen auf. So können Sie den Nachweis erbringen, dass nicht böser Wille, sondern die missliche Arbeitsmarktlage und/oder Ihre fehlende Ausbildung eine Erwerbstätigkeit verhindern.
- Lassen Sie gesundheitliche Probleme seriös abklären. Verlangen Sie einen umfassenden ärztlichen Bericht. Entbinden Sie Ihre Ärztin gegenüber dem Gericht vom Arztgeheimnis. Wenn Sie erst wenige Tage vor der Gerichtsverhandlung zum ersten Mal einen Arzt aufsuchen, den Sie vorher noch nie gesehen haben, riskieren Sie, dass sein Zeugnis als Gefälligkeitsattest übergangen wird.
- Klären Sie ab, welches Einkommen Sie mit Ihren Qualifikationen in etwa verdienen können. Auf der Website des Bundesamts für Statistik finden Sie Angaben zum Lohnniveau in verschiedenen Bereichen sowie den Lohnrechner Salarium (www.bfs.admin.ch → Statistiken finden → Arbeit und Erwerb → Löhne, Erwerbseinkommen und Arbeitskosten).
- Klären Sie ab, ob Sie Anspruch auf Leistungen der Arbeitslosenversicherung haben (siehe Seite 182).

TIPP *Beziehen Sie und Ihr Gatte beide eine Rente der AHV oder IV, sind diese plafoniert. Sie erhalten zusammen höchstens 150 Prozent der Einzelrente. Nach einer Trennung durch das Eheschutzgericht entfällt diese Plafonierung. Senden Sie den Gerichtsentscheid an die Ausgleichskasse und verlangen Sie die ungekürzte Rente (siehe Seite 133).*

Übergangsfristen

Ob nun Kinder zu betreuen sind oder nicht, oft benötigt die Seite, die bisher nicht oder nur reduziert erwerbstätig war, eine Übergangszeit. Eine neue Stelle findet sich nicht von heute auf morgen. Eine Weiterbildung kann den Wiedereinstieg erleichtern und ein besseres Einkommen ermöglichen. Versuchen Sie, mit Ihrem Ehegatten – oder vor Eheschutzgericht – Übergangsfristen auszuhandeln. Während einer bestimmten Zeit wird er dann höhere Unterhaltsbeiträge zahlen müssen, doch kann er damit rechnen, dass diese – allenfalls in mehreren Schritten – reduziert werden und mit der Zeit sogar ganz wegfallen.

Mit einer Klausel in der Trennungsvereinbarung können Sie festhalten, wie diese Reduktion des Unterhalts vorgenommen werden soll. Die Formulierung im Kasten verteilt das Risiko, dass die Ehefrau kein höheres Einkommen erreicht, auf beide Seiten.

2. Schritt: Wie hoch sind die Lebenshaltungskosten beider Haushalte?

Wenn es die finanziellen Verhältnisse erlauben, haben Mann und Frau Anspruch darauf, den Lebensstandard beizubehalten, der vor der Trennung gelebt wurde. Weil aber zwei Haushalte höhere Kosten verursachen, werden meist beide Seiten Abstriche machen müssen.

Wenn Sie Unterhaltsbeiträge beanspruchen, müssen Sie die bisherigen Lebenshaltungskosten nachweisen und zeigen, dass Sie diese mit Ihren eigenen Einkünften nicht decken können. Gerät Ihre Ehe in Schieflage und zeichnet sich eine Trennung ab, sollten Sie deshalb unbedingt Belege zu den alltäglichen Ausgaben der Familie sammeln. Was alles dazu gehören kann, sehen Sie detailliert in der Zusammenstellung auf Seite 100. Sie zeigt, wie die Gerichte die Lebenshaltungskosten berechnen.

TIPP *Bei der Erarbeitung eines Budgets, das mit den vorhandenen Einkünften in Übereinstimmung steht, kann eine Konsultation bei einer Budgetberatungsstelle hilfreich sein (www.budgetberatung.ch → Beratungsstellen in Ihrer Nähe).*

Grundbedarf und erweiterter Bedarf

Ausgangspunkt für eine Unterhaltsberechnung in üblichen Verhältnissen ist der familienrechtliche Grundbedarf. Dieser umfasst die nötigsten Ausgaben und sollte beiden Teilfamilien auf jeden Fall zur Verfügung stehen. Je besser die finanziellen Verhältnisse, desto eher können zusätzliche Ausgaben berücksichtigt und die bisherige Lebensweise unverändert beibehalten werden (erweiterter Bedarf).

In der Regel nicht berücksichtigt werden Auslagen, die der reinen Vermögensbildung dienen, also etwa die Amortisation einer Hypothek, Beiträge an die Säule 3a, Prämien für eine Lebensversicherung. Die Unterhaltspflicht gegenüber der Familie geht allen anderen finanziellen Verpflichtungen vor. Kleinkredite, alte Steuerschulden und Ähnliches werden bei der Alimentenberechnung nur berücksichtigt, nachdem die üblichen Lebenshaltungskosten gedeckt sind.

Mit der Tabelle auf der nächsten Seite können Sie den Bedarf beider Teilfamilien berechnen. Die Beispielzahlen gehen von einer Familie mit zwei Kindern (11- und 14-jährig) aus, die bei der Mutter wohnen. Erklärungen zu den einzelnen Positionen finden Sie anschliessend.

INFO *Als Faustregel gilt, dass der Bedarf umso grosszügiger berechnet wird, je höher die Einkünfte sind. Beansprucht eine Seite einen höheren Bedarf, muss sie glaubhaft*

2. SCHRITT: MONATLICHE LEBENSHALTUNGSKOSTEN DER EHEGATTEN

Familienrechtlicher Grundbedarf	Ehemann	Ehefrau

Grundbetrag für die Eheleute
– Fr. 1100.– für Alleinstehende, die mit anderen
  Erwachsenen im selben Haushalt leben
– Fr. 1200.– für Alleinstehende ohne solche
  Hausgemeinschaft
– Fr. 1250.– für Alleinerziehende, die mit anderen
  Erwachsenen im selben Haushalt leben
– Fr. 1350.– für Alleinerziehende ohne solche
  Hausgemeinschaft
	Fr. 1200.–	Fr. 1350.–

Kinderzuschläge – Fr. 400.– für Kinder bis zu 10 Jahren – Fr. 600.– für Kinder über 10 bis zu 18 Jahren		Fr. 1200.–
Wohnkosten – Mietzins inklusive Nebenkosten – bzw. Hypothekarzins und Kosten für Unterhalt des Eigenheims	Fr. 950.–	Fr. 1480.–
– Strom, Gas – Telefon, Radio, TV, Internet – Krankenkasse (nur Grundversicherung) – Hausrat- und Haftpflichtversicherung	Fr. 40.– Fr. 100.– Fr. 290.– Fr. 40.–	Fr. 50.– Fr. 150.– Fr. 420.– Fr. 40.–
Berufsauslagen – Fahrkosten – Auswärtige Verpflegung – Beruflich bedingte Fremdbetreuung der Kinder – Beiträge an Berufsverbände, Gewerkschaften	Fr. 150.– Fr. 300.–	Fr. 60.– Fr. 120.–
Abzahlungsverpflichtungen (nur gemeinsam eingegangene)		
Unterhaltsbeiträge – für Exgatten aus früherer Ehe – für vor- /ausserehliche Kinder		
Monatlicher Anteil Steuern	Fr. 450.–	Fr. 450.–
Total Grundbedarf	Fr. 3520.–	Fr. 5320.–

Erweiterter Bedarf	Ehemann	Ehefrau

Zusätzliche Kinderkosten
– Schulgeld, Schulmaterial, Schullager und Schul-
  ausflüge
– Fahrkosten zur Schule
– Verpflegung in der Mensa
– Nachhilfestunden, Sonderunterricht
– Musikunterricht, Hobbys und Sportkurse
– Sportausrüstung (Ski etc.)
– Taschengeld
– Weitere Betreuungskosten
  (Hort, Tagesmutter, Babysitter)
– Kosten für Aktivitäten mit den Kindern während
  ihrer Besuche
		Fr. 150.–

Zusätzliche Berufsauslagen – Repräsentationsauslagen – Kosten für Berufskleidung – Weiterbildung	Fr. 60.–	
Auslagen für nicht beruflich benötigtes Fahrzeug		
Weitere Gesundheitskosten – Zusatzversicherung Krankenkasse – Selbstbehalt, Franchise – Optiker – Zahnarzt – Therapien		
Lebensversicherungsprämien		
Beiträge an die Säule 3a	Fr. 200.–	Fr. 200.–
Rückstellungen Ferien, Erholung, Freizeit etc.	Fr. 200.–	Fr. 200.–
Total erweiterter Bedarf	**Fr. 460.–**	**Fr. 550.–**
Total Lebenshaltungskosten (Grundbedarf und erweiterter Bedarf)	**(C)** **Fr. 3980.–**	**(D)** **Fr. 5870.–**

machen, dass dieser der bisherigen Lebenshaltung der Familie entspricht. Sie muss dem Gericht detaillierte Belege vorlegen zu den Auslagen für Ferien, Freizeit, Kulturelles, Kleiderkäufe und weitere Aufwendungen, die den Lebensstil prägten. Gemäss dem unterhaltsrechtlichen Gleichbehandlungsgrundsatz darf auch die andere Seite solche Auslagen für sich in Anspruch nehmen.

Grundbetrag für die Ehegatten und die Kinder

Der Grundbetrag für Mann und Frau wird den kantonalen Richtlinien für die Berechnung des betreibungsrechtlichen Existenzminimums entnommen. Dieser Betrag wird periodisch der Teuerung angepasst und soll die Kosten für Nahrung, Kleider, Wäsche, Gesundheitspflege und Kulturelles decken. In einigen Kantonen geht man davon aus, dass darin auch Energiekosten, Radio-, Fernseh- und Telefongebühren sowie Auslagen für kulturelle Bedürfnisse und Freizeit enthalten sind; in anderen Kantonen werden diese Auslagen separat berücksichtigt.

TIPP *Es empfiehlt sich, Energiekosten, Radio, Telefon etc. ausserhalb des Grundbetrags zu berücksichtigen und dafür – soweit die vorhandenen Mittel ausreichen – die bisher benötigten Beträge zu budgetieren. Dies entspricht eher dem Grundsatz der Kostenwahrheit und macht die Unterhaltsberechnung transparenter.*

Zum Grundbetrag der Eltern kommen die Kinderzuschläge. Mit diesen Beträgen sind die Lebenshaltungskosten der Kinder aber nicht gedeckt. Um eine Benachteiligung des Elternteils, bei dem die Kinder wohnen, zu vermeiden, bieten sich zwei Möglichkeiten an:

■ Sind nach der Deckung der Lebenshaltungskosten noch Mittel vorhanden, werden diese zwischen den Eheleuten nicht einfach halbiert, sondern der Elternteil mit den Kindern erhält einen grösseren Anteil. Dieser liegt in der Regel zwischen drei Fünfteln und zwei Dritteln des Freibetrags (mehr zum Freibetrag siehe Seite 108).

- In die Berechnung eingesetzt werden die effektiven Kinderkosten entsprechend der bisherigen Lebenshaltung. Dazu gehören zusätzlich zum Kinderzuschlag etwa die Auslagen für Musik- und Sportkurse, Taschengeld, Schulmaterial und Lager, Fahrten zur Schule, Verpflegung in der Schule (siehe auch die Hinweise auf Seite 68).

Wohnkosten

Setzen Sie in die Berechnung die tatsächlichen Mietzinse für Ihre Wohnungen samt Nebenkosten ein. Wenn Sie ein Eigenheim besitzen, werden der Hypothekarzins und die weiteren Kosten für den Unterhalt und den Betrieb der Liegenschaft berücksichtigt. Sind Ihnen diese Zahlen nicht im Detail bekannt, setzen Sie einen Pauschalbetrag von 20 Prozent des steuerlichen Eigenmietwerts ein.

Der Grundsatz der Gleichbehandlung gilt auch bei den Wohnkosten. Bleibt die Ehefrau mit den Kindern in der grossen Wohnung oder im teuren Einfamilienhaus, kann auch der Ehemann eine grössere Wohnung beanspruchen, in der er die Kinder komfortabel bei sich haben kann. Beschränkt er sich freiwillig auf eine billige Lösung, kann er verlangen, dass bei seinem Bedarf nicht die tatsächlichen, sondern angemessene Wohnkosten berücksichtigt werden. Die eingesparte Summe kann er anderweitig verwenden.

INFO *Sind Ihre Wohnkosten im Vergleich zu den finanziellen Mitteln oder zu den Wohnkosten der anderen Seite zu hoch, kann nach einer angemessenen Übergangsfrist ein tieferer hypothetischer Wohnaufwand angenommen werden. Damit sinkt Ihr Bedarf – und letztlich der Unterhaltsbeitrag.*

Gesundheitskosten

Zum Grundbedarf gehören die aktuellen Krankenkassenprämien für die Grundversicherung. Zusatzversicherungen werden beim erweiterten Bedarf berücksichtigt; sind die Finanzen knapp, müssen sie gekündigt werden. Sind anderseits die Prämien verhältnismässig tief, weil eine hohe Franchise vereinbart wurde, kommt ein Zuschlag hinzu. Darüber hinaus werden, wenn es die Mittel erlauben, weitere, nicht gedeckte Gesundheitskosten für Selbstbehalte, übliche Zahnbehandlungen und Sehhilfen berücksichtigt.

Ausserordentliche Aufwendungen – beispielsweise für Zahnstellungskorrekturen von Kindern – werden in der Regel nicht in den laufenden Bedarf eingerechnet. Stattdessen wird separat vereinbart – oder vom Gericht angeordnet –, nach welchem Schlüssel die Eltern die Kosten übernehmen.

Fahrkosten und Berufsauslagen

Als Fahrkosten werden im Normalfall die Kosten für öffentliche Verkehrsmittel eingesetzt. Die höheren Ausgaben für ein Auto werden nur berücksichtigt, wenn dieses zwingend notwendig ist – etwa wegen des Arbeitswegs, unregelmässiger Arbeitszeiten oder anderer spezieller Umstände (Kinderbetreuung, Krankheit etc.). Leistet Ihr Arbeitgeber Beiträge an die Autokosten, müssen Sie diese abziehen. Haben bisher beide Eheleute über ein eigenes Fahrzeug verfügt und reichen die finanziellen Mittel aus, können Sie die Kosten dafür weiterhin berücksichtigen. Die Gerichte setzen für ein Auto je nach Grösse und gefahrenen Kilometern 250 bis 600 Franken pro Monat ein.

Zu den Berufsauslagen gehören die Kosten für auswärtige Verpflegung – in der Regel 15 Franken pro Tag, wenn keine Kantine zur Verfügung steht und der Arbeitgeber keine «Lunch-Checks» abgibt. Weiter gehören dazu die Auslagen für Berufskleidung sowie für die Fremdbetreuung der Kinder, die nötig ist, damit Sie Ihrem Erwerb nachgehen können. Die Kosten für eine Weiterbildung werden grundsätzlich berücksichtigt, wenn diese zur Sicherung der wirtschaftlichen Existenz erforderlich und nicht vom Arbeitgeber bezahlt ist. Wenn Sie wieder ins Erwerbsleben einsteigen müssen, können Sie auch Ausbildungs- oder Umschulungskosten in die Berechnung einbeziehen.

Schulden und frühere Unterhaltsbeiträge

Schulden sind zu berücksichtigen, wenn sie vor der Aufhebung des gemeinsamen Haushalts einvenehmlich für den Unterhalt der Familie begründet worden sind. Dazu gehören etwa Abzahlungsverpflichtungen für Möbelkäufe oder offene Steuern aus der Zeit des Zusammenlebens. Ob die Leasingraten für ein Auto berücksichtigt werden können, hängt von den finanziellen Verhältnissen ab und insbesondere davon, ob das Fahrzeug beruflich notwendig ist.

Hat eine Seite allein Schulden gemacht, muss sie diese mit ihrem Anteil am Freibetrag tilgen. Wer also für teure Nachtessen oder Ferien mit der neuen Freundin die Kreditkarte überzieht, kann nicht davon ausgehen, dass das Abstottern dieser Verbindlichkeiten bei der Unterhaltsberechnung berücksichtigt wird.

Muss der Ehemann für ausserehliche Kinder oder für Kinder aus einer geschiedenen Ehe Unterhaltsbeiträge zahlen, werden diese bei seinem Bedarf berücksichtigt. Dasselbe gilt für die Scheidungsalimente an eine frühere Ehefrau.

RUDOLF P. HAT SICH VON SEINER FRAU getrennt und lebt mit seiner neuen Lebenspartnerin Iris und dem eben erst geborenen gemeinsamen Sohn Joël zusammen. Laut dem Unterhaltsvertrag für Joël muss er für seinen Sohn 1800 Franken monatlich zahlen, nämlich 1000 Franken Barunterhalt und 800 Franken Betreuungsunterhalt für Iris. Dieser Unterhaltsbeitrag wird im Bedarf von Herrn P. berücksichtigt. Das neue Unterhaltsrecht hat zur Folge, dass Frau P. weniger erhält, weil der Unterhalt für das uneheliche Kind höher ist (siehe Seite 65).

Steuern

Die Steuern sollten Sie bei Ihrer Bedarfsberechnung unbedingt berücksichtigen – und zwar unabhängig davon, ob es zu einer getrennten Besteuerung kommt oder nicht (siehe Seite 130). Anhand der

Wegleitung, aber auch mit den Steuerberechnungsprogrammen, die auf den Internetseiten der kantonalen Steuerämter zu finden sind, können Sie die ungefähre Höhe ausrechnen.

Berücksichtigen Sie auch, dass der zu Unterhaltszahlungen verpflichtete Ehegatte die Alimente in der Steuererklärung von seinem Einkommen abziehen kann, während die andere Seite diese Beträge als Einkommen versteuern muss. Weiter kann das Getrenntleben dazu führen, dass die Erleichterungen der Familienbesteuerung wegfallen.

! **INFO** *Wenn das Einkommen der beiden Eheleute für die Deckung des Grundbedarfs zweier Haushalte nicht ausreicht, sind die Steuern des unterhaltsverpflichteten Ehegatten bei seinem Bedarf nicht zu berücksichtigen. So jedenfalls die Rechtsprechung des Bundesgerichts. Dagegen ist zu Recht eingewendet worden, dass der Unterhaltsschuldner nicht ohne Weiteres mit einem Steuererlass rechnen kann und dann weniger als das Lebensnotwendige für sich zur Verfügung hat. Berücksichtigen Sie deshalb die Steuern auf jeden Fall bei beiden Seiten.*

3. Schritt: Wie hoch ist der Unterhaltsbeitrag?

Sind die Einkünfte und die Lebenshaltungskosten bekannt, können Sie die Schlussrechnung vornehmen. Vom Gesamteinkommen der Familie (1. Schritt, Seite 88 wird der Bedarf der Eheleute (2. Schritt, Seite 98) abgezogen.

Wie ab Seite 68 dargestellt, muss der Unterhaltsbeitrag auf Ehefrau und Kinder aufgeteilt werden. Im Beispiel in den Berechnungstabellen arbeitet die Ehefrau 50 Prozent und ist allein für die Betreuung der Kinder zuständig – der Vater verbringt die Wochenenden mit ihnen. Der Kinderunterhalt beträgt je Kind 1500 Franken, 1000 Franken davon sind Barunterhalt, 500 Franken Betreuungsunterhalt. Für sich

⊜ 3. SCHRITT: DER UNTERHALTSBEITRAG

Zusammenstellung von Einkommen und Bedarf	
Einkommen des Ehemanns (1. Schritt A)	Fr. 7800.–
Einkommen der Ehefrau (1. Schritt B)	Fr. 3000.–
Total Familieneinkommen	Fr. 10800.–
Bedarf des Ehemanns (2. Schritt C)	Fr. 3980.–
Bedarf der Ehefrau (2. Schritt D)	Fr. 5870.–
Total Bedarf	Fr. 9850.–
Überschuss / Fehlbetrag	**Fr. 950.–**
Anspruch der Ehefrau und der Kinder	
– Deckung der Lebenshaltungskosten (2. Schritt C)	+ Fr. 5870.–
– Anteil am Überschuss (hier $^3/_5$ des Freibetrags)	+ Fr. 570.–
– Anrechnung des eigenen Einkommens (1. Schritt B)	– Fr. 3000.–
Total Grundbedarf	**Fr. 3440.–**

persönlich erhält die Ehefrau einen Unterhaltsbeitrag von 440 Franken. Nach altem Recht wäre der Betreuungsunterhalt Teil des Unterhalts für die Frau gewesen; sie hätte 1440 Franken erhalten, die Kinder je 1000 Franken. Am Gesamtbetrag ändert sich nichts, wenn die Eltern verheiratet sind.

! **INFO** *Anders würde die Rechnung ausfallen, wenn die Eltern im Beispiel nicht verheiratet wären. Nach altem Recht hätten die Kinder je 1000 Franken erhalten, die Mutter aber für sich persönlich nichts. Mit dem heute geltenden Unterhaltsrecht erhält eine unverheiratete Mutter zwar für sich persönlich ebenfalls nichts. Die Kinder aber erhalten je 1500 Franken (inklusive 500 Franken Betreuungsunterhalt). Das*

KONTROLLRECHNUNG

	Situation Ehemann	Situation Ehefrau und Kinder
Eigenes Einkommen +/- Unterhaltsbeitrag	Fr. 7800.– – Fr. 3440.–	Fr. 3000.– + Fr. 3440.–
Finanzielle Mittel pro Monat	Fr. 4360.–	Fr. 6440.–

bedeutet für die unverheirateten Mütter eine deutliche Verbesserung: Dank des Betreuungsunterhalts erhielte die Frau im Beispiel unter dem Strich 1000 Franken mehr.

Plausibilitätskontrolle

Mit einer einfachen Kontrollrechnung können Sie prüfen, ob der in den drei Schritten errechnete Unterhaltsbeitrag sinnvoll ist und zu einem für beide Seiten angemessenen Ergebnis führt (siehe Kasten).

Wenn noch Geld übrig ist

Bleibt zuletzt ein Überschuss, wird dieser möglichst gerecht auf alle Familienmitglieder aufgeteilt. Üblich ist eine Aufteilung nach «grossen und kleinen Köpfen», im Verhältnis von etwa zwei Teilen pro erwachsene Person und einem Teil pro Kind. Eine Ehefrau mit zwei Kindern erhält also zwischen drei Fünfteln und zwei Dritteln des Freibetrags.

INFO *Diese Verteilung des Freibetrags gilt nur bei gemeinsamen Kindern. Hat die Ehefrau zum Beispiel noch ein Kind aus einer früheren Ehe, erhält sie keinen höheren Überschussanteil.*

Hat ein Ehepaar keine Kinder oder sind diese bereits selbständig, wird der Überschuss halbiert. Aber auch davon gibt es Ausnahmen:

- Besitzt die Ehefrau ein erhebliches Vermögen, kann dem Ehemann ein höherer Überschussanteil zugedacht werden, damit er ebenfalls Geld auf die Seite legen kann.
- Wurde zum Beispiel die Frau bei der Bedarfsberechnung bevorzugt und erhielt eine grössere Summe für ein kostspieliges Hobby, kann der Überschuss als Ausgleich zugunsten des Ehemanns verteilt werden.
- Hat der Ehemann Schulden, insbesondere Steuerschulden, die er zurückzahlen muss, wird dies ebenfalls bei der Verteilung des Freibetrags berücksichtigt.
- Eine ungleiche steuerliche Belastung kann ebenfalls ein Grund für einen grösseren Überschussanteil sein – vorausgesetzt, die Steuern wurden nicht schon bei der Bedarfsberechnung konkret berechnet und berücksichtigt.

Was gilt bei sehr hohen Einkommen?
Bei sehr hohen Einkünften – in der Regel ab 300 000 Franken pro Jahr – wird anders, nämlich «einstufig» gerechnet. Es geht nur darum, für die Seite, die Unterhalt erhält (meist die Ehefrau), ein Haushaltsbudget zu erstellen, das möglichst nahe an den bisherigen Lebensstandard herankommt. Die Ehefrau muss diesen Lebensstandard belegen. Das ist oft gar nicht so einfach: Bankunterlagen, Kreditkartenauszüge etc. müssen genau analysiert werden, um ein einigermassen akkurates Bild zu erhalten. Kann die Ehefrau die bisherigen Lebenshaltungskosten nicht belegen, riskiert sie, dass das Gericht auf Erfahrungszahlen abstellt – und die sind in der Regel deutlich tiefer.

Die Lebenshaltungskosten des zu Unterhaltszahlungen verpflichteten Ehegatten brauchen nicht berechnet zu werden. Die Gerichte gehen davon aus, dass er diese mit den verbleibenden Einkünften ohne Weiteres decken kann.

In solchen Verhältnissen besteht eine erhebliche Sparquote, die – abgesehen von den trennungsbedingten Mehrkosten – nicht angetastet werden soll. Diese Mittel wurden ja auch nicht verbraucht, als das Paar zusammenlebte, und das soll während der Trennung (und der allfälligen späteren Scheidung) so bleiben. Generell gilt, dass Freibeträge (siehe Seite 108) von mehr als 4000 bis 5000 Franken monatlich nicht aufgeteilt werden; der Grossteil bleibt bei der Seite, die das Einkommen erzielt – meist ist das der Ehemann. Die Frau profitiert erst davon, wenn sie bei einer späteren Scheidung im Rahmen der güterrechtlichen Auseinandersetzung die Hälfte des Ersparten erhält. Allerdings ist der Sparwille des Mannes nach einer Trennung oft nicht mehr der grösste; zudem geht die Ehefrau leer aus, wenn das Eheschutzgericht die Gütertrennung anordnet (siehe Seite 125).

Was gilt, wenn zu wenig Geld vorhanden ist?

Schwieriger ist es, ein Manko gerecht aufzuteilen. Was soll geschehen, wenn die Einkommen beider Eheleute nicht ausreichen, um den allernotwendigsten Bedarf der getrennten Familie zu decken?

Das Bundesgericht geht davon aus, dass der Fehlbetrag zulasten der unterhaltsberechtigten Seite geht – also auch heute meist zulasten der Ehefrau. Die Begründung: Muss der erwerbstätige Ehemann, um die Alimente zahlen zu können, Sozialhilfe in Anspruch nehmen, lässt sein Arbeitswille in der Regel deutlich nach. Es ist aber der Familie nicht gedient, wenn das Einkommen des «Ernährers» zurückgeht. Deshalb soll der Ehemann von seinem Lohn wenigstens das Existenzminimum behalten dürfen. Das gilt selbst dann, wenn er Kinderalimente bezahlen muss. Ein Manko geht also ganz zulasten der finanziell schwächeren Seite, die die Kinder betreut. Ihr bleibt nichts anderes, als die fehlenden Mittel beim Sozialamt zu beantragen (siehe Seite 184).

INFO *Diese Gerichtspraxis wird von verschiedenen Seiten stark kritisiert, weil sie die ehelichen Lasten ungerecht verteilt. Das Bundesgericht hat die Kritik zwar aufgenommen, allerdings die Meinung vertreten, es liege am Gesetzgeber, hier Klarheit zu schaffen. Bis anhin ist dies noch nicht geschehen.*

Wann müssen die Verwandten zahlen?

Wenn die finanzielle Situation einer Familie in Trennung sehr eng ist, können vermögende Verwandte zur Unterstützung herangezogen werden. Diese Verwandtenunterstützungspflicht kann Grosseltern, Eltern oder Kinder treffen (siehe auch Seite 184). Geschwister sind nicht unterstützungspflichtig. Die Unterhaltspflicht der Eltern gegenüber ihren Kindern und der Eheleute untereinander geht jedoch vor.

FREDDY Z. MUSS SEINER FRAU aufgrund einer gerichtlichen Verfügung hohe Alimente bezahlen. Das passt ihm nicht. Vom Hörensagen kennt er den Begriff der Verwandtenunterstützungspflicht. Er fordert von den begüterten Eltern seiner Frau einen Beitrag an ihre Lebenskosten. Man erklärt ihm aber, dass Verwandte nicht herangezogen werden, wenn der Ehemann die Alimente zahlen kann. Nun versucht es Herr Z. mit einem anderen Trick. Er gibt an, er müsse seine eigenen Eltern unterstützen und könne deshalb seiner Frau nicht mehr so viel bezahlen. Doch er muss sich sagen lassen, dass die Unterhaltspflicht gegenüber Frau und Kindern vor allen anderen Verpflichtungen kommt.

Unterhaltsbeiträge und Teuerung

Während einer Trennung werden Unterhaltsbeiträge in der Regel nicht der Teuerung angepasst, weil es sich meist um eine kürzere Zeit handelt. Anders bei Scheidungsalimenten: Da ihre Kaufkraft über

Jahre hinweg erhalten bleiben muss, wird die Anpassung an die Preisentwicklung mit einer Indexklausel geregelt.

Ist absehbar – etwa bei älteren Ehepaaren, die explizit keine Scheidung wollen –, dass eine Trennung länger dauern wird, ist es sinnvoll, die Alimente ebenfalls der Teuerung anzupassen und mit einer Indexklausel zu versehen (siehe Formulierung in der Mustervereinbarung im Anhang).

INFO *Anhand der Formel im Anhang können Sie die neuen Beträge selber berechnen (Angaben zum aktuellen Indexstand unter www.bfs.admin.ch → Statistiken finden → Preise → Landesindex der Konsumentenpreise). Allerdings werden Unterhaltsbeiträge nur dann angepasst, wenn sich das Einkommen des unterhaltpflichtigen Partners tatsächlich entsprechend der Teuerung erhöht hat.*

Wann gibt es keine Unterhaltsbeiträge?

Können beide Seiten mit ihren eigenen Einkünften den bisherigen Lebensstandard selbst finanzieren, sind keine Unterhaltsbeiträge geschuldet – selbst wenn die Einkommensunterschiede erheblich sind.

SORAYA UND TIM G. haben keine Kinder und sind beide voll berufstätig. Herr G. verdient als selbständiger Architekt durchschnittlich 15 000 Franken pro Monat. Das Einkommen seiner Frau, die als Lehrerin an einem Gymnasium arbeitet, beträgt gemäss ihrem letzten Lohnausweis 9000 Franken. Sie empfindet den Unterschied als ungerecht und verlangt von ihrem Mann einen Unterhaltsbeitrag. Doch das Gericht entscheidet, dass Frau G. mit ihrem Einkommen für sich selbst aufkommen kann und ihr Mann ihr deshalb keinen Unterhalt schuldet.

Achtung neue Lebenspartnerschaft

In seltenen Fällen können die Gerichte eine Unterhaltsforderung als rechtsmissbräuchlich ansehen und deshalb ablehnen. Diesem Vorwurf setzt sich vor allem die Ehefrau aus, die während der Trennung mit einem anderen Partner in einer eheähnlichen Beziehung lebt (siehe auch Seite 194).

ALEXANDRA K. IST NOCH VERHEIRATET, lebt aber seit 18 Monaten mit ihrem Freund zusammen. Als dieser seine Stelle verliert und sie nicht mehr unterstützen kann, verlangt Frau K. von ihrem Ehemann Unterhaltsbeiträge. Zu Unrecht, urteilt das Eheschutzgericht, an das Frau K. sich wendet, weil ihr Ehemann nicht einverstanden ist. Wer in einem stabilen, eheähnlichen Konkubinat lebt, verliert den Anspruch auf Unterhalt. Dies auch dann, wenn der neue Partner keine finanzielle Unterstützung mehr leisten kann.

TIPP *Wenn Sie vorhaben, nach der Trennung zu Ihrem neuen Partner zu ziehen, sollten Sie sich diesen Schritt gut überlegen. Dauert Ihre Lebensgemeinschaft eine gewisse Zeit und gilt damit als stabil, verlieren Sie den Unterhaltsanspruch nicht nur für die Trennungszeit, sondern allenfalls auch bei der späteren Scheidung.*

Auch der wirtschaftlich stärkere Ehemann, der mit seiner Freundin zusammenwohnen möchte, sollte sich über die Konsequenzen im Klaren sein: Die Gerichte werden nämlich von seiner neuen Lebenspartnerin einen Beitrag an die Lebenshaltungskosten verlangen – vor allem an die Wohnkosten –, sodass in der Unterhaltsberechnung für ihn ein tieferer Bedarf eingesetzt wird.

4

Wohnung, Vermögen und weitere Themen

Wer bleibt in der Wohnung?

An der Wohnung, in der sie zusammengewohnt haben, hängen oft beide Eheleute sehr. Mit den vertrauten Räumen sind viele Erinnerungen verbunden – erst recht, wenn das Ehepaar hier Kinder grossgezogen hat. Wer darf im «Nest» bleiben, wer muss ausziehen?

Nur ganz selten leben Mann und Frau während einer Trennung zwar separat, aber noch unter dem gleichen Dach. Fast immer werden sie entscheiden müssen, wer die bisher gemeinsame Wohnung weiter benützen darf. Auch hier gilt: Mit einem fairen Abwägen aller Interessen finden sich die besten Lösungen.

SOWOHL MARTINA WIE AUCH ANDRÉ B. würden sehr gern in der 4½-Zimmer-Wohnung bleiben, in der sie zusammen mit dem zehnjährigen Sohn und der zwölfjährigen Tochter während mehr als sieben Jahren gelebt haben. In langen Gesprächen werden Pro und Kontra der verschiedenen Szenarien erörtert. Schliesslich einigen sich die beiden, dass die Mutter mit den beiden Kindern bleibt, weil ihnen ein Schulwechsel erspart werden soll. Dass Herr B. bei der gemeinsamen Unterhaltsberechnung genügend Mittel zugesprochen erhält, damit er in der Nähe eine Dreizimmerwohnung mieten kann, erleichtert ihm den Entscheid.

Können sich die Eheleute nicht einigen, muss nicht etwa derjenige Partner ausziehen, der die Trennung beantragt hat. Das Eheschutzgericht wird bei der Zuteilung der Wohnung einzig darauf achten, wem sie besser dient. Folgende Punkte können auch Ihnen bei Ihren Überlegungen helfen:

- Sind Kinder da, wird die Wohnung meist demjenigen Elternteil zugewiesen, der sie mehrheitlich betreut. Die Frage, wie Sie als Eltern die Betreuung regeln, hat also nicht nur auf die Finanzen, sondern auch auf die Wohnungszuteilung einen Einfluss.
- Auch die Wohnung, die dem Ehemann von seinem Arbeitgeber vermietet wurde, wird ohne Weiteres der Mutter und den Kindern zugesprochen, wenn sie ihnen besser dient.
- In kinderlosen Ehen muss die Seite ausziehen, der das Gericht den Umzug eher zumutet. Wenn der Mann in der Liegenschaft sein Büro oder seine Werkstatt hat, wird der Entscheid eher zu seinen Gunsten lauten. Denn wenn er ausziehen müsste, würde er sein Einkommen verlieren oder deutlich höhere berufliche Unkosten haben, womit letztlich auch seiner Frau nicht gedient ist.
- Handelt es sich bei der ehelichen Wohnung um ein Eigenheim, spielt es nur eine untergeordnete Rolle, wem die Liegenschaft gehört. Den Eigentumsverhältnissen kommt jedoch eine grössere Bedeutung zu, wenn die Trennung klar als Vorstufe zur Scheidung gedacht ist. Dann wird die Liegenschaft – um unnützes Hin- und Herzügeln zu vermeiden – eher dem Eigentümer überlassen, der nach der Scheidung ohnehin wieder einziehen würde.

Rechte und Pflichten der Seite, die in der Wohnung bleibt

Wer die Wohnung oder das Einfamilienhaus zugewiesen erhält, muss aus den Unterhaltsbeiträgen und dem eigenen Einkommen die Miete bzw. die Hypothekarzinsen und die weiteren Kosten des Unterhalts und Betriebs bezahlen. Das kann zu Problemen führen, wenn das Haus dem ausziehenden Ehemann gehört und er gegenüber den Banken allein für die Hypothekarschuld haftet. Was soll er tun, wenn seine Frau den Zins nicht bezahlt?

TIPP *Vereinbaren Sie, dass der Eigentümer, die Eigentümerin der ehelichen Wohnung die Hypothekarzinsen direkt bezahlt und den Betrag von den Unterhaltszahlungen abziehen darf. Eine solche Lösung können Sie wenn nötig auch beim Eheschutzgericht beantragen.*

Wer in der Wohnung bleibt, hat das **ausschliessliche Benützungsrecht.** Der ausziehende Ehegatte muss also sämtliche Schlüssel abgeben – auch wenn die Wohnung oder das Haus ihm allein gehören sollte – und darf die Räume ohne Einwilligung des anderen nicht mehr betreten. Zur Sicherung des ausschliesslichen Benützungsrechts dürfen Sie notfalls auch die Schlösser auswechseln. Spricht die Ehefrau ein «Hausverbot» aus und setzt sich der Ehemann darüber hinweg, muss er unter Umständen mit einer Bestrafung wegen Hausfriedensbruchs rechnen.

So weit die Regelung für den Fall, dass es hart auf hart geht. Wer sich einigermassen in Frieden trennt, wird das nicht so streng handhaben. Der ausziehende Partner hat beispielsweise seine Skiausrüstung weiterhin im Estrichabteil oder in der Garage an der alten Adresse und behält deshalb einen Schlüssel, um sie jederzeit holen zu können.

Der Auszugstermin

Ausser in ganz schlimmen Streitfällen wird der ausziehende Gatte die Wohnung nicht Knall auf Fall verlassen müssen. Erst muss ja eine neue Bleibe gefunden, der Umzug organisiert werden. Können sich die Eheleute über den Auszugstermin nicht einigen, setzt ihn das Eheschutzgericht fest. Üblicherweise werden einige Wochen oder wenige Monate zugestanden – etwa bis zum nächsten ortsüblichen Zügeltermin. Die Frist ist kürzer, wenn der Konflikt bereits eskaliert ist. Ein gewalttätiger Ehegatte muss mit einer sofortigen Ausweisung rechnen.

Gedanken zur neuen Wohnung

Für die Seite, die ausziehen will oder muss, stellt sich die Frage nach dem neuen Lebensraum. Wie viel kann ich fürs Wohnen ausgeben? Soll ich zuerst ein Provisorium, etwa bei den Eltern, beziehen?

Ihre Antwort wird auch davon abhängen, ob Sie Ihre Trennung als vorübergehende Besinnungspause verstehen oder ob eine Scheidung folgen soll. Denken Sie aber auf jeden Fall daran, dass eine Trennung die Grundfesten Ihres Lebens heftig erschüttern kann. Da ist es wichtig, dass Sie sich am neuen Ort einigermassen wohlfühlen. Sind Kinder da, brauchen Sie zudem genügend Platz, damit Sie die Betreuungszeiten gemeinsam in Ihrer Wohnung verbringen können. Sollen die Kinder teils bei Ihnen, teils beim anderen Elternteil wohnen (geteilte Obhut, siehe Seite 54), muss die neue Wohnung in der Nähe der Schulen oder Ausbildungsplätze liegen. All dies spricht eher dagegen, in die erstbeste Absteige zu ziehen.

Generell wird der Grundsatz der Gleichbehandlung, der bei der Unterhaltsfrage gilt, auch beim Wohnstandard angewendet. Wohnt also die Ehefrau mit den Kindern im Einfamilienhaus, muss sich der ausziehende Ehemann nicht mit einem möblierten Zimmer zufrieden geben. Welche Art Wohnung drinliegt, hängt aber natürlich sehr von der finanziellen Situation der Familie ab.

Unterhaltsrechtlich werden Sie möglicherweise sogar bestraft, wenn Sie sich bei den Mietkosten zu sehr bescheiden: Ihre Lebenshaltungskosten sind damit tiefer und der Freibetrag grösser, was zu höheren Unterhaltsbeiträgen für Ihre Partnerin, Ihren Partner führt. Zwar weisen einzelne Gerichte die eingesparten Mittel der Seite zu, die ein günstiges Domizil gewählt hat, aber dafür gibt es keine Garantie.

Kein unüberlegter Auszug

Ein weiterer Aspekt, den Sie bedenken müssen: Ihr Auszug aus der ehelichen Wohnung kann eine spätere definitive Zuteilung vorwegnehmen. Überlegen Sie sich also auch in einer akuten Krise sorgfältig, ob Sie das bisherige Zuhause aufs Spiel setzen wollen.

◈ **IVANA F. ZIEHT WÄHREND EINER EHEKRISE** in eine 1½-Zimmer-Wohnung. Ihr Mann Hans und die 16-jährige Tochter Vera bleiben im Einfamilienhaus. Als Frau F. vier Monate später beim Eheschutzgericht die Zuweisung des Hauses an sich beantragt, wird ihr entgegengehalten, sie habe mit ihrem Auszug ihr Desinteresse am ehelichen Domizil bekundet, weshalb die bestehende Regelung während der Trennung beibehalten werde.

Nicht mit einer solch unliebsamen Konsequenz rechnen muss natürlich, wer wegen Tätlichkeiten oder massiven Drohungen des Ehemanns auszieht und bei Dritten provisorisch Schutz sucht.

Schutz für die Familienwohnung

Die Familienwohnung bildet den Mittelpunkt des Ehe- und Familienlebens und geniesst einen gesetzlichen Sonderschutz, der auch während der Trennung bestehen bleibt. Gemäss Artikel 169 ZGB können die Eheleute nur gemeinsam über ihre Familienwohnung verfügen: Ein Ehegatte kann «nur mit der ausdrücklichen Zustimmung des andern einen Mietvertrag kündigen, das Haus oder die Wohnung der Familie veräussern oder durch andere Rechtsgeschäfte die Rechte an den Wohnräumen der Familie beschränken». Fehlt diese Zustimmung – die schriftlich vorliegen muss –, ist das betreffende Rechtsgeschäft nichtig.

Verweigert eine Seite die Zustimmung grundlos, kann die andere das Eheschutzgericht anrufen. Beispielsweise wenn das Eigenheim verkauft werden muss, weil angesichts der höheren Ausgaben während der Trennung die Hypothekarzinsen nicht mehr tragbar sind.

Der Schutz der Familienwohnung hat auch Auswirkungen für den Vermieter. Will er sie kündigen, muss er sein Schreiben an Frau und Mann richten – auch wenn eine Seite nun an einer anderen Adresse wohnt. Unabhängig davon, auf wen der Mietvertrag lautet, können beide Eheleute eine Erstreckung des Mietverhältnisses verlangen.

INFO *Zweit- und Ferienwohnungen geniessen keinen Schutz wie die Familienwohnung. Gehört das Ferienhaus dem Ehemann allein, kann er es also ohne Zustimmung der Frau verkaufen oder höher belasten. Besteht die Gefahr, dass er mit solchen Eigenmächtigkeiten die güterrechtlichen Ansprüche seiner Frau gefährdet, kann diese eine Verfügungsbeschränkung – eine sogenannte Grundbuchsperre – verlangen (siehe Seite 34).*

Wer erhält was vom Hausrat?

Endgültig verteilt und zu Eigentum zugewiesen werden die Möbel und Haushaltsgegenstände erst bei der Scheidung. Doch Achtung: Die provisorische Aufteilung bei der Trennung nimmt diese definitive Zuweisung oft vorweg. Nur selten wird der Hausrat nach zwei Jahren des Getrenntlebens nochmals von Grund auf neu zugeteilt. Es lohnt sich deshalb, diesem Thema eine gewisse Aufmerksamkeit zu schenken und darauf zu insistieren, dass Sie diejenigen Gegenstände erhalten, die Sie benötigen oder die Ihnen wichtig sind.

Bei der Aufteilung des Hausrats geht es nicht selten um Gegenstände mit hohem emotionalem Wert. Das macht eine faire Lösung schwierig. Hier einige Kriterien:

■ Selbstverständlich behält jede Seite die persönlichen Gegenstände: Kleider, Bücher, CDs, DVDs, die eigene Sportausrüstung, das Instrument, die eigene Büroeinrichtung, die persönlichen Unterlagen und Ähnliches.

- Grössere Geschenke gehen an den Gatten, aus dessen Freundes- oder Familienkreis sie stammen.
- Was den Kindern gehört und in ihren Zimmern steht, ist Kindesvermögen und bleibt bei den Kindern. Überzähliges kann die ausziehende Seite mitnehmen für die Zeit, da die Kinder bei ihr sind.

Wenn Sie sich nicht einigen können, wird das Gericht entscheiden: Während der Trennungszeit wird der Hausrat den Eheleuten nur vorübergehend «zum Gebrauch zugewiesen». Wem was gehört, spielt dabei eine weit geringere Rolle als die Überlegung, wer was braucht. Der Elternteil, der mit den Kindern in der ehelichen Wohnung bleibt, wird deutlich mehr Hausrat benötigen und auch erhalten. Reicht das Mobiliar nicht für beide, wird das Gericht unter Berücksichtigung der finanziellen Möglichkeiten des Ehepaars eine Lösung suchen. Auch ein Verkaufsverbot für den Hausrat kann verlangt werden.

HAUSRAT AUFTEILEN OHNE STREIT

- Notieren Sie anlässlich eines gemeinsamen Rundgangs durch die Wohnung, was an die Frau, was an den Mann geht. Listen Sie diejenigen Gegenstände, über die Sie sich nicht einigen können, separat auf.
- Für die Teilung umstrittener Sachen gibt es mehrere Möglichkeiten: Er teilt die Gegenstände in Lot A und Lot B auf, sie darf zuerst wählen. Oder beide würfeln und die Person mit der höheren Zahl darf als erste einen der umstrittenen Gegenstände auswählen; dann kommt die andere dran, dann wieder die erste – bis alles aufgeteilt ist.
- Bitten Sie eine Person, zu der Sie beide Vertrauen haben, bei der Verteilung dabei zu sein und wenn nötig zu schlichten.
- Häufig reicht das Vorhandene nicht für zwei Haushalte. Machen Sie ab, wer das Fehlende aus dem gemeinsamen Geld kaufen soll, und vereinbaren Sie einen Preisrahmen.

Was geschieht mit dem ehelichen Vermögen?

Durch die Aufhebung des gemeinsamen Haushalts ändert sich an Ihren güterrechtlichen Verhältnissen nichts – Sie sind ja nach wie vor verheiratet.

Haben Sie nichts anderes vereinbart, unterstehen Sie weiterhin der Errungenschaftsbeteiligung. Auch früher abgeschlossene Eheverträge bleiben gültig. Ob das eheliche Vermögen während der Trennung zu- oder abnimmt – bei der Errungenschaftsbeteiligung wie auch der Gütergemeinschaft treffen solche Veränderungen immer beide Ehepartner.

Weiterhin wirtschaftlich verbunden

Wenn ein Ehepaar nicht in einem Ehevertrag etwas anderes vereinbart hat, lebt es im ordentlichen Güterstand der Errungenschaftsbeteiligung. Dieser unterscheidet zwischen Eigengut von Ehefrau und Ehemann sowie Errungenschaft von Ehefrau und Ehemann:

- **Eigengut**: Dazu gehören in erster Linie die Vermögenswerte, die Sie in die Ehe eingebracht haben, sowie die Gegenstände, die Ihnen zum persönlichen Gebrauch dienen (Kleider, Schmuck, Hobbyausrüstung). Auch Erbschaften und Schenkungen, die Sie während der Ehe erhalten, fallen ins Eigengut.
- **Errungenschaft**: Dazu gehört alles Vermögen, das während der Ehe erarbeitet wurde (Lohn, Renten der Sozialversicherung, Taggelder der Arbeitslosenkasse), ebenso die Erträge aus dem Eigengut (Zinsen des Sparkontos, Wertschriftenerträge, Mietzins einer Liegenschaft).

INFO *Hat ein Paar einen Ehevertrag auf Gütergemeinschaft abgeschlossen, gibt es neben den beiden Eigengütern nur das Gesamtgut, das beiden Eheleuten ungeteilt gehört. Die Verwaltung, Nutzung und Verfügung darüber müssen sie gemeinsam vornehmen. Das macht die wirtschaftliche Verflechtung noch enger, was gerade bei einer Trennung alles andere als erwünscht ist.*

Während der Ehe – also auch während der Trennungszeit – verwaltet und nutzt bei der Errungenschaftsbeteiligung jede Seite ihr Vermögen selbständig. Erst bei Auflösung der Ehe durch Scheidung (oder Tod) findet die güterrechtliche Auseinandersetzung statt: Mann und Frau erhalten je ihr Eigengut; die beiden Errungenschaften werden halbiert, wenn nicht in einem Ehevertrag etwas anderes vereinbart wurde.

Meist ist im Trennungszeitpunkt nicht so klar, welche Vermögensteile nun zu wessen Eigengut oder Errungenschaft gehören: Ans Ferienhaus hat der Mann von seinem Lohnkonto beigesteuert, während die Frau Mittel aus einer Erbschaft einsetzte. Das neue Familienauto wurde zwar gemeinsam angeschafft, die Papiere aber lauten auf den Mann. All diese wirtschaftlichen Verflechtungen sind in einer Krise oft nicht mehr sachgerecht. Paare in Trennung fragen sich deshalb oft, ob sie nicht besser einen Ehevertrag auf Gütertrennung abschliessen. Denn dann wird ebenfalls eine güterrechtliche Auseinandersetzung vorgenommen und ein «sauberer Strich» gezogen.

Akontozahlung bei grossen Unterschieden?

Häufig sind die Vermögen von Mann und Frau recht unterschiedlich. Da macht es der wirtschaftlich schwächeren Seite oft Angst, wenn sie lediglich mit den Unterhaltszahlungen auskommen muss, und sie wünscht sich eine Art eiserne Reserve für den Notfall.

Selbstverständlich kann ein Ehepaar vereinbaren, dass zum Beispiel der Ehemann einen Teil seines Vermögens bereits bei der Trennung auf die Gattin überträgt. Das Gesetz gibt jedoch keine Handhabe für eine «güterrechtliche Akontozahlung» gegen den Willen des vermögenden Ehegatten. Ist eine Einigung darüber nicht möglich, bleibt nur, beim Eheschutzgericht die Gütertrennung zu verlangen und anschliessend die güterrechtliche Auseinandersetzung vorzunehmen.

Wie sinnvoll ist eine Gütertrennung?

Diese Frage lässt sich nicht allgemein, sondern nur für den konkreten Einzelfall beantworten. Mit einer Gütertrennung wird zunächst der Stichtag für die Aufteilung des ehelichen Vermögens fixiert: Auf das Datum, an dem ein Ehepaar den Ehevertrag abschliesst – oder eine Seite das Begehren um Anordnung der Gütertrennung beim Gericht einreicht –, wird in der späteren güterrechtlichen Auseinandersetzung abgerechnet. Nimmt anschliessend das Vermögen einer Seite ab, trifft dies nur noch sie; nimmt es zu, gehört das Ersparte ihr allein.

! **ACHTUNG** *Einigen Sie sich mit Ihrem Ehemann, Ihrer Gattin ausserhalb eines Eheschutzverfahrens auf Gütertrennung, müssen Sie dies zwingend in einem Ehevertrag festhalten und diesen öffentlich beurkunden lassen. Eine bloss schriftliche Vereinbarung reicht nicht. Auch wenn Sie die Guthaben auf Konten und in Wertschriftendepots faktisch aufteilen, genügt dies nicht. Ihr Mann, Ihre Frau könnte später im Scheidungsprozess trotzdem nochmals eine güterrechtliche Auseinandersetzung verlangen.*

Besinnungspause oder Scheidungsvorbereitung?
Geht es bei der Trennung um eine Besinnungspause, nach der beide Eheleute wieder zusammenkommen möchten, dürfte eine Gütertrennung kaum sinnvoll sein. Dies vor allem dann nicht, wenn eine Sparquote besteht. Über das höhere eheliche Vermögen sollen ja später wieder beide gemeinsam verfügen.

Anders sieht es aus, wenn das Getrenntleben mit einer Scheidung enden soll. Dann streben oft beide Eheleute danach, sich für die güterrechtliche Auseinandersetzung im späteren Scheidungsprozess eine möglichst vorteilhafte Ausgangslage zu schaffen. Das wirtschaftliche Gefährdungspotenzial erhöht sich deutlich. Das muss gar nicht so weit gehen, dass zum Beispiel die Frau bewusst eheliches Vermögen zum Verschwinden bringt. Es genügt bereits, wenn sie während der Trennungszeit eine teure Wohnungseinrichtung kauft, sich Ferien im Luxushotel leistet und ihr Erspartes so wie Schnee an der Frühlingssonne dahinschmilzt. Zu Recht fühlt sich dann der sparsamere Gatte geprellt, wenn er das eigene Vermögen teilen muss, von seiner Frau aber, weil alles ausgegeben ist, nichts mehr erhält.

In solchen Situationen können Sie das Eheschutzgericht ersuchen, die Gütertrennung anzuordnen. Es wird Ihrem Begehren entsprechen, «wenn es die Umstände rechtfertigen». Was heisst das?

■ Wenn **beide Eheleute** dies wollen und so beantragen, wird das Gericht die Gütertrennung anordnen.

■ Klar ist, dass die Gütertrennung bei einer konkreten **wirtschaftlichen Gefährdung** angeordnet wird – etwa wenn Anzeichen bestehen, dass eine Seite Vermögen zum Verschwinden bringt oder sehr riskante Investitionen tätigt. Auch wenn ein Gatte sich weigert, Auskunft über seine finanziellen Verhältnisse zu geben, gilt dies als Grund für eine Gütertrennung.

■ Eine Reihe kantonaler Gerichte haben bei Eheschutzverfahren, die der **Scheidungsvorbereitung** dienen, die Gütertrennung auf Antrag eines Ehegatten auch gegen den Willen des anderen angeordnet. Existiere keine «eheliche Schicksalsgemeinschaft» mehr – so die Begründung –, liege kein hinreichender Grund mehr vor, die engen wirtschaftlichen Bindungen gegen den Willen einer Seite aufrechtzuerhalten. Das Bundesgericht hat jedoch in einem Entscheid von 2015 klargestellt, dass diese Begründung nicht ausreicht. Es verlangt eine konkrete wirtschaftliche Gefährdung. Ohne solche spezielle Umstände kann heute gegen den Willen des Ehemanns, der Ehefrau bei einer Trennung keine Gütertrennung mehr erwirkt werden.

RALF N. IST NACH LANGJÄHRIGER EHE von zu Hause ausgezogen und lebt mit seiner Freundin zusammen. Vor Gericht verlangt er die Anordnung der Gütertrennung. Das Gericht kommt zum Schluss, dass Herr N. bei seinem überdurchschnittlich hohen Einkommen nach Bezahlung der Unterhaltsbeiträge jährlich noch mindestens 100 000 Franken sparen kann. Von einer wirtschaftlichen Gefährdung kann keine Rede sein. Deshalb betrachtet das Gericht eine Gütertrennung als stossend. Bei der späteren Scheidung würde Frau N. dadurch nämlich den hälftigen Anteil am während der Trennungszeit gesparten Vermögen verlieren.

In den meisten Haushalten ist nach einer Trennung allerdings keine oder keine ins Gewicht fallende Sparquote mehr vorhanden. Da kann es durchaus im Interesse beider Parteien liegen, wenn durch die Gütertrennung klare Verhältnisse geschaffen werden und einseitige Vermögensmanipulationen nicht mehr möglich sind. Ordnet das Eheschutzgericht die Gütertrennung an, ist damit der Stichtag definiert, auf den hin dereinst das eheliche Vermögen aufgeteilt wird.

Die eigentliche güterrechtliche Auseinandersetzung kann das Eheschutzgericht allerdings nicht vornehmen. Dies müssen entweder die Eheleute selber tun oder – falls sie sich nicht einigen können – von demjenigen Gericht durchführen lassen, das auch für die Scheidung zuständig wäre.

INFO *Nehmen Sie später das Zusammenleben wieder auf, fällt eine gerichtlich angeordnete Gütertrennung nicht einfach weg. Sie müssen beim Eheschutzgericht einen Antrag auf Aufhebung und Wiederherstellung des früheren Güterstands* *stellen. Oder Sie schliessen zusammen einen Ehevertrag ab, in dem Sie die frühere oder eine andere güterrechtliche Regelung verein-baren.*

Ein Inventar verhindert Streit

Viele Ehepaare finden eine Gütertrennung während der Trennungszeit nicht nötig. Oder sie vereinbaren zwar Gütertrennung, führen aber die güterrechtliche Auseinandersetzung noch nicht durch. In beiden Situationen empfiehlt es sich, das vorhandene Vermögen in einem Inventar festzuhalten, das von Frau und Mann unterschrieben wird (wird das Inventar auch öffentlich beurkundet, hat es eine höhere Beweiskraft). Damit sind wenigstens die Grundlagen fixiert und Sie können, wenn sich grössere Veränderungen ergeben sollten, den Ursachen nachgehen. Das ist sowohl beim Wiederzusammenziehen wie auch für eine spätere güterrechtliche Auseinandersetzung wichtig.

Ein Inventar allein ist jedoch kein Schutz gegen unlautere Vermögensveränderungen bis zum Zeitpunkt der güterrechtlichen Auseinandersetzung. Wenn Sie solche Machenschaften befürchten, müssen Sie zusätzliche Sicherungsmassnahmen ergreifen (siehe Seite 33).

Wer haftet für welche Schulden?

Solange sie zusammenleben, haften Eheleute gemeinsam für alle Schulden, die für die laufenden Bedürfnisse der Familie – im Rahmen der sogenannten Schlüsselgewalt – eingegangen werden.

Im Rahmen der Schlüsselgewalt bewegen sich alle Käufe für die täglichen Bedürfnisse wie Lebensmittel, übliche Kleidung, Schulsachen für die Kinder, kleinere Einrichtungsgegenstände oder übliche Reparaturen in der gemeinsamen Wohnung. Der Kauf eines Autos

 **MUSTER: INVENTAR**

Antonella P.   Edwin P.
Staatsstrasse 5   Staatsstrasse 5
6430 Schwyz   6430 Schwyz

Inventar

Wir stellen der Klarheit halber fest, dass per 31. Juli 20xx folgende
Vermögenswerte vorhanden sind:

Aufseiten der Ehefrau
– Fahrzeug VW Polo, Jahrgang 20ww, Kennzeichen SZ 169 146
– Möbel gemäss separater Liste
– 25 000 Franken auf einem Konto bei der CS, die aus der Erbschaft
  von Tante Lisa stammen

Aufseiten des Ehemanns
– Fahrzeug Audi A4, Jahrgang 20yy, Kennzeichen SZ 130 139
– Motorrad BMW, Jahrgang 20zz, Kennzeichen SZ 24142
– Möbel gemäss separater Liste
– Säule-3a-Konto mit 50 000 Franken
– 80 000 Franken an Wertschriften und Barmitteln bei der Schwyzer
  Kantonalbank, wovon 20 000 Franken bereits zum Zeitpunkt
  der Heirat vorhanden waren
– Hälftiger, hypothekarisch nicht belasteter Miteigentumsanteil am
  Ferienhaus in Braunwald, den der Ehemann von seinen Eltern geerbt hat

Schwyz, 31. Juli 20xx
Antonella P.   Edwin P.

überschreitet die Schlüsselgewalt eindeutig; ob die Anschaffung eines Fernsehgeräts noch darunterfällt, ist umstritten und dürfte nur in finanziell gut gestellten Familien zu bejahen sein.

Nach der Trennung entfällt diese solidarische Haftung: Jede Seite ist nur noch für die eigenen Schulden zuständig. Lässt die Ehefrau, die im Einfamilienhaus wohnen bleibt, den Gärtner kommen, muss sie die Rechnung selbst bezahlen.

TIPP *Teilen Sie dem Telekomanbieter, dem Gas- und Stromlieferanten und anderen Dienstleistungserbringern die neue Wohnsituation mit, damit sie bei der Rechnungsstellung berücksichtigt werden kann.*

Für alle anderen persönlichen Schulden wie auch für Geschäftsschulden besteht bei der Errungenschaftsbeteiligung keine Mithaftung der Ehegatten. Sie brauchen also nicht zu befürchten, dass Sie für Schulden Ihres Partners, Ihrer Partnerin bezahlen müssen – vorausgesetzt, Sie haben keine Darlehens-, Kleinkredit- oder Hypothekarverträge mitunterzeichnet.

INFO *Anders kann sich die Situation präsentieren, wenn Sie in Gütergemeinschaft leben. Dieser «Schönwetter-Güterstand» birgt haftungsmässig einige Risiken und ist im ehelichen Krisenfall meist nicht mehr sachgerecht. Lassen Sie sich beraten (Adressen im Anhang).*

Trennung und Steuern

Kurze «eheliche Auszeiten», bei denen eine Seite provisorisch zu Freunden zieht oder am neuen Wohnort nur als Wochenaufenthalter lebt, ändern an der steuerlichen Situation nichts. Meldet sich der ausziehende Gatte jedoch am neuen Ort an, kommt es zur getrennten Besteuerung – und zwar rückwirkend auf den 1. Januar des Jahres, in dem sich die Eheleute trennen. Das kann zu komplizierten Abrechnungen führen. Achten Sie auf folgende Aspekte:

- Der unterhaltsverpflichtete Gatte kann die Ehegatten- und Kinderalimente von seinem Einkommen abziehen, während die andere Seite diese Zahlungen als Einkommen versteuern muss.
- Wohnt die Ehefrau allein in der ehelichen Liegenschaft, muss sie den Eigenmietwert als Einkommen versteuern, kann aber auch die Abzüge für Unterhalt und Hypothekarzinsen vornehmen.
- Die im Trennungsjahr bereits bezahlten Steuern werden zurückerstattet. Können sich die Eheleute über die Aufteilung nicht einigen, werden die kantonalen Steuern in der Regel beiden Seiten je zur Hälfte gutgeschrieben. Bei der direkten Bundessteuer erfolgt die Rückerstattung «nach dem Ermessen» der Behörde – was meist ebenfalls eine hälftige Überweisung bedeutet. Solche Steuerrückvergütungen können pro rata temporis von den Alimenten abgezogen werden. Bei der Unterhaltsberechnung wurden ja die monatlichen Steuerlasten im Bedarf berücksichtigt (siehe Seite 105).
- Sind noch Steuerschulden aus den Vorjahren abzustottern, stehen zwei Wege offen: Mit dem Steueramt können Sie Teilzahlungen vereinbaren und diese Beträge eventuell in der Unterhaltsberechnung beim Bedarf berücksichtigen. Oder die Verpflichtungen werden ausserhalb des ehelichen Unterhalts als güterrechtliche Schulden betrachtet, jetzt bezahlt und verringern dann bei der güterrechtlichen Auseinandersetzung das zu teilende Vermögen.

TIPP *Bei einer Trennung stellen sich viele steuerliche Fragen. Es lohnt sich allenfalls, sich bei der Steuererklärung von einer Steuerberaterin helfen zu lassen. Ist einmal alles richtig aufgegleist, können Sie die folgenden Steuererklärungen wieder selbst ausfüllen.*

Steuerspartipp
Trennen Sie sich gegen Ende Jahr, sollte sich die ausziehende Seite erst nach dem Jahreswechsel am neuen Wohnort anmelden. Sonst wird die Trennung rückwirkend für das ganze, fast abgelaufene Jahr steuerlich wirksam.

Dies hat oft nachteilige Folgen: Der unterhaltspflichtige Ehemann wird meist nach dem höheren Tarif für Alleinstehende besteuert, kann aber praktisch noch keine Unterhaltsbeiträge abziehen, weil er erst gegen Ende Jahr ausgezogen ist. Auf der anderen Seite kann die unterhaltsberechtigte Ehefrau, die mit den Kindern zusammenlebt, zwar vom günstigeren Tarif profitieren. Doch das nützt ihr nichts, denn ihr steuerbares Einkommen ist tief, weil sie nur für kurze Zeit Unterhalt erhalten hat. Unter dem Strich zahlt die Familie damit deutlich mehr Steuern.

Trennung und Altersvorsorge

AHV, Pensionskasse, 3. Säule – auf diesen drei Pfeilern ruht in der Schweiz die Altersvorsorge. Besonders auf die 2. Säule sollten Sie ein Augenmerk haben. Denn viele Paare mit durchschnittlichen Einkommen besitzen neben dem in der beruflichen Vorsorge Angesparten kaum noch Vermögenswerte.

Die Guthaben bei den Pensionskassen bleiben von der Trennung unberührt. Geteilt wird erst bei einer Scheidung. Trotzdem sollten Sie sich einige Gedanken zur Altersvorsorge machen.

AHV und IV

Beziehen zwei verheiratete Personen AHV- oder IV-Renten, sind diese auf insgesamt 150 Prozent der Einzelrente beschränkt. Diese Plafonierung entfällt, wenn sich ein Ehepaar trennt. Jede Seite hat nun Anspruch auf eine Rente gemäss ihren geleisteten Beiträgen.

STEFFI UND FRIEDRICH S. erhalten zusammen AHV-Renten von 3555 Franken. Nach der Trennung reichen sie bei der AHV-Ausgleichskasse das Urteil des Eheschutzgerichts ein und diese hebt die Plafonierung auf. Weil sie je eine maximale Altersrente zugut haben, erhalten Herr und Frau S. danach je 2370 Franken (Stand 2019).

Eine private Trennungsvereinbarung genügt der Ausgleichskasse als Beleg nicht, sie verlangt ein Eheschutzurteil oder zumindest eine gerichtlich genehmigte Vereinbarung. Von sich aus wird das Gericht nichts unternehmen; Sie müssen selber aktiv werden.

INFO *Haben Sie bisher Ergänzungsleistungen bezogen, kann die Aufhebung der Plafonierung möglicherweise dazu führen, dass diese gekürzt werden.*

Kinderrenten der AHV und der IV
Unter gewissen Voraussetzungen kann eine Mutter, bei der die Kinder leben, verlangen, dass die Kinderrente der AHV oder IV, die der Vater bezieht, direkt an sie ausgezahlt wird (siehe auch Seite 190). Setzen Sie sich mit der betreffenden Ausgleichskasse in Verbindung.

Ergänzungsleistungen
Wer AHV- oder IV-Renten bezieht und damit das Existenzminimum nicht decken kann, hat Anspruch auf Zusatzzahlungen. Das sind vor

allem die Ergänzungsleistungen zur AHV und IV, daneben gibt es kantonale Beihilfen und in grösseren Orten Gemeindezuschüsse. Bei solchen Leistungen handelt es sich nicht etwa um Almosen, vielmehr besteht ein Rechtsanspruch darauf.

FLAVIA G. LEBT IN ZÜRICH. Sie verfügt über eine AHV-Rente von 1500 Franken und erhält einen Unterhaltsbeitrag von 330 Franken. Damit kann sie ihre Lebenshaltungskosten nicht decken. Das Amt für Zusatzleistungen der Stadt Zürich berechnet, dass Frau G. Anspruch hat auf Ergänzungsleistungen von 1344 Franken, auf eine Beihilfe von 200 Franken und auf einen Gemeindezuschuss von 258 Franken. Insgesamt stehen ihr damit 3648 Franken zur Verfügung.

Ergänzungs- und andere Zusatzleistungen sind subsidiär, das heisst, sie werden nur dann bezahlt, wenn alle anderen Einkommensquellen ausgeschöpft sind. Sie können also nicht auf Unterhaltsbeiträge verzichten in der Hoffnung, Sie würden dann schon vom Gemeinwesen unterstützt. Wer auf einen Rechtsanspruch verzichtet, verliert unter Umständen das Recht auf Zusatzleistungen.

TIPP *Zum Bezug von Zusatzleistungen müssen Sie sich selbst anmelden. Ob in Ihrem Fall die Voraussetzungen erfüllt sind, erfahren Sie auf der AHV-Zweigstelle oder beim Sozialamt Ihrer Gemeinde.*

Pensionskasse und Säule 3a

Auf die Guthaben bei der Pensionskasse hat die Trennung keinen Einfluss. Der Pensionskassenausgleich wird erst bei einer Scheidung zum Thema: Die während der Ehe erworbenen Austrittsleistungen werden dann halbiert, oder es wird – wenn eine solche Teilung nicht mehr möglich ist – eine angemessene Entschädigung bezahlt. Massgebend ist das Datum, an dem das Scheidungsbegehren beim Gericht eingereicht wird. Dieser Teilungszeitpunkt ist gesetzlich fixiert und lässt sich auch durch eine private Vereinbarung nicht abändern.

KURT M. SCHLÄGT SEINER FRAU VOR, in der Trennungsvereinbarung abzumachen, dass das Pensionskassenguthaben so geteilt werden soll, wie es bei der Aufhebung des gemeinsamen Haushalts auf seiner Seite vorhanden ist. Zwei Jahre später kommt es zur Scheidung. Doch obwohl Frau M. die Vereinbarung unterzeichnet hat, betrachtet das Gericht die Abmachung als ungültig. Der Pensionskassenausgleich wird auf der Basis der Guthaben vorgenommen, die zum Zeitpunkt der Einreichung des Scheidungsbegehrens vorhanden waren. Damit profitiert Frau M. ebenfalls vom Zuwachs während der Trennungszeit.

Keine Auszahlung ohne Einwilligung des Ehegatten

Pensionskassenguthaben sind für die Altersvorsorge reserviert und geniessen einen besonderen Schutz: Wer über das Geld verfügen will, braucht die schriftliche Zustimmung der Ehefrau, des Ehemanns – unabhängig davon, ob das Paar noch zusammenlebt oder nicht. Das gilt bei Barauszahlung der Vorsorgegelder wegen Aufnahme einer selbständigen Erwerbstätigkeit oder wegen Wegzugs ins Ausland, es betrifft den Bezug von Vorsorgemitteln zur Finanzierung von Wohneigentum und auch den Fall, dass eine Seite bei der Pensionierung statt einer Rente ganz oder teilweise das Kapital beziehen will.

Was aber, wenn jemand eine gefälschte Unterschrift vorlegt? Diese Fälle sind gar nicht so selten. Zwar haben die Vorsorgeeinrichtungen in letzter Zeit dazugelernt und verlangen immer häufiger, dass die Unterschrift des anderen Ehegatten beglaubigt wird. Ab und zu kommt es aber doch vor, dass Geld fälschlicherweise ausgezahlt wird.

TIPP *Müssen Sie mit unlauteren Machenschaften Ihres Mannes, Ihrer Frau rechnen, sollten Sie der Pensionskasse mit eingeschriebenem Brief mitteilen, dass Sie bei einem Auszahlungsgesuch direkt kontaktiert werden wollen. Setzt sich die Pensionskasse über Ihren Wunsch hinweg, muss sie Ihnen den entstandenen Schaden ersetzen.*

Guthaben der Säule 3a

Viele Selbständigerwerbende sind nicht einer Pensionskasse angeschlossen, sondern sparen mit der Säule 3a fürs Alter. Aber auch gut verdienende Angestellte nutzen die Steuervorteile und zahlen den erlaubten Maximalbetrag in ein Konto oder eine Police der Säule 3a ein. Bei diesen Guthaben handelt es sich um eine güterrechtliche Position, die erst bei der Scheidung im Rahmen der güterrechtlichen Auseinandersetzung aufgeteilt wird. Während der Ehe sind Verfügungen über das Geld nur mit Zustimmung beider Ehegatten möglich.

TRENNUNG UND VERSICHERUNGEN

In **Lebensversicherungspolicen** ist standardmässig der überlebende Ehepartner an erster Stelle begünstigt. Daran ändert sich bei einer Trennung nichts. Erst nach der Scheidung fällt diese Begünstigung von Gesetzes wegen weg. Klären Sie mit Ihrer Versicherungsgesellschaft ab, ob und in welcher Weise Sie die Begünstigtenordnung abändern können.

Ist eine Trennung auf längere Zeit angelegt, kann auch eine Anpassung der **Hausrat- und Haftpflichtversicherung** sinnvoll sein. Jede Seite hat dann ihre eigene Versicherung mit möglicherweise tieferer Prämie, weil der Hausrat aufgeteilt ist.

Auch bei der **Krankenkasse** können Modifikationen sinnvoll sein. Stellen Sie sicher, dass die Rückvergütungen für Arztrechnungen, die Sie bezahlt haben, auf Ihr Konto und nicht auf dasjenige der anderen Seite gehen.

Trennung und Erbrecht

Auch wenn Sie getrennt leben, bleiben Sie gegenseitig erbberechtigt. Das gesetzliche Erbrecht und die Begünstigungen aus Erbverträgen fallen erst mit der Scheidung dahin.

Stirbt eine verheiratete Person, wird zuerst die güterrechtliche Auseinandersetzung durchgeführt und der überlebenden Seite ihr Anteil am ehelichen Vermögen zugewiesen. Der Nachlass des verstorbenen Ehegatten besteht aus seinem Eigengut und – wenn nichts anderes vereinbart wurde – der Hälfte der beiden Errungenschaften. Sind Nachkommen vorhanden, erbt die überlebende Seite die Hälfte dieses Nachlasses; in «Konkurrenz» mit den Eltern des oder der Verstorbenen sogar drei Viertel.

Diese gesetzliche Regelung erscheint vielen Paaren in einer ehelichen Krisensituation nicht mehr sachgerecht. Möchten Sie sie ändern, können Sie in einem Testament eine Reihe von Dispositionen treffen:

- Sie können Ihren Ehegatten auf den Pflichtteil setzen. Dieser beträgt, wenn Sie Nachkommen haben, ein Viertel des Nachlasses. In Konkurrenz mit den Eltern sind es drei Achtel. Regeln Sie auch, an wen die verfügbare Quote geht: an die Nachkommen, an Geschwister oder andere Ihnen nahestehende Personen. Beachten Sie aber, dass die Erbschaftssteuern umso höher ausfallen, je entfernter die begünstigte Person mit Ihnen verwandt ist.
- Mit Teilungsanordnungen können Sie bestimmen, dass Wertgegenstände, die Ihnen besonders am Herzen liegen, nicht an Ihre Ehefrau, gehen.

BUCHTIPP

Alles, was Sie als Erblasser oder Erbe zum Thema Erbrecht wissen müssen, finden Sie in diesem Beobachter-Ratgeber: **Testament, Erbschaft. Wie Sie klare und faire Verhältnisse schaffen.** www.beobachter.ch/buchshop

- Befürchten Sie Konflikte zwischen Ihrem Ehemann und anderen von Ihnen begünstigten Personen, empfiehlt sich die Einsetzung eines Willensvollstreckers.

- Befürchten Sie, dass Ihre Frau das Kindesvermögen nicht sachgerecht verwaltet, können Sie diese Aufgabe jemandem übertragen – sowohl für die frei verfügbare Quote wie auch für den Pflichtteil der Kinder.

- Hat Ihr Gatte in schwerwiegender Weise gegen familienrechtliche Pflichten verstossen, können Sie ihn enterben. Ihre Gründe dafür müssen Sie ausführlich und genau schildern. In älteren Urteilen wurde eine Enterbung etwa bei schwerer Verletzung der familien-rechtlichen Unterhaltspflichten akzeptiert.

TIPP *Die Anforderungen an eine Enterbung sind hoch. Ziehen Sie eine solche in Betracht, sollten Sie sich unbedingt rechtlich beraten lassen. Leichtfertige Enterbungen, die nicht den gesetzlichen Anforderungen entsprechen, unterlassen Sie besser. Sie provozieren damit nur unschöne Streitigkeiten und Erbteilungs-prozesse unter Ihren Erben.*

Vertrag bleibt Vertrag

Hat ein Ehepaar einen Erbvertrag abgeschlossen, ist eine einseitige Aufhebung nicht möglich (seltene Ausnahmen bestätigen aber auch hier die Regel). Allenfalls gelingt es Ihnen, Ihren Ehemann, Ihre Frau zu einer neuen Nachlassregelung zu bewegen, die im beidseitigen Interesse liegt. Dann kann der Erbvertrag durch eine schriftliche Ver-einbarung vollständig aufgehoben werden. Wollen Sie ihn nur abän-dern, muss die neue Fassung allerdings wieder öffentlich beurkundet werden. Bietet die andere Seite zu einer neuen Regelung nicht Hand, bleibt es beim bestehenden Vertrag. Dieser fällt erst bei der späteren Scheidung von Gesetzes wegen ersatzlos dahin.

TIPP *Bei Fragen erbrechtlicher Art, die oft zusammen mit güterrechtlichen Aspekten beurteilt werden müssen, ist es generell empfehlenswert, rechtliche Beratung einzuholen (Adressen im Anhang).*

5

Das Trennungsverfahren

Trennung ohne Gericht

Nichts hindert die Eheleute, ihre Trennung selbst und ohne den Beizug von Drittpersonen oder Gerichten zu regeln. Man einigt sich, wer welche Möbel, Haushaltsgegenstände, CDs etc. erhält, und zieht für eine bestimmte Weile auseinander. Manchmal wird sogar auf eine schriftliche Regelung verzichtet.

Vor allem wenn die Trennung als Besinnungspause gedacht ist und beide Seiten schon bisher den eigenen Lebensunterhalt mehr oder weniger selber verdient haben, wird dies häufig so gemacht.

GERTRUD O. BLEIBT MIT DEN KINDERN im Einfamilienhaus, während ihr Mann Kurt auszieht. Die Trennung dauert ein knappes halbes Jahr. Herr O. bezahlt in dieser Zeit wie bisher den Hypothekarzins, die Steuern sowie alle grösseren Rechnungen, die ihm seine Frau jeweils zustellt. Auch überweist er jeden Monat das Haushaltsgeld, das gegenüber früher etwas reduziert ist, weil die Kosten für ihn wegfallen.

Schriftliche Vereinbarung über das Getrenntleben

Abgesehen von ganz unkomplizierten, auf kurze Zeit geplanten Trennungen ist es empfehlenswert, wenigstens eine schriftliche, von beiden Seiten unterzeichnete Vereinbarung abzuschliessen. Die Bandbreite reicht dabei von kurzen, einfachen Abmachungen bis zu ausführlichen «Vertragswerken». Für ein kinderloses Ehepaar, das Klarheit über das weitere Schicksal seiner Ehe gewinnen will, reichen einige wenige Zeilen; eine genauere Regelung empfiehlt sich, wenn Kinder da sind (siehe Muster auf der nächsten Seite).

Manchmal müssen die Modalitäten des Getrenntlebens auch ausführlicher geregelt werden. Solche Vereinbarungen widerspiegeln meist eine intensive Auseinandersetzung der Eheleute mit den Kinderbelangen, dem Unterhalt und den weiteren mit der Trennung verbundenen Fragen. Welche Gesichtspunkte Sie dabei berücksichtigen müssen, ist auf den folgenden Seiten dargestellt.

Es ist sinnvoll, das Ergebnis solcher Verhandlungen – vor allem auch die Grundlagen, die zur Unterhaltsregelung geführt haben (Einkünfte und Betreuungsanteile) – ausführlich festzuhalten. Das beugt Missverständnissen und Streit während der Trennungszeit vor. Und sollte später die Ehe definitiv aufgelöst werden, ist vieles bereits ge-

---

 MUSTER: EINFACHE TRENNUNGSVEREINBARUNG

Rita und Konrad R.
Stadtgasse 15
5400 Baden

Trennungsvereinbarung

Wir vereinbaren, mit Wirkung ab dem 30. Juni 20xx für drei Monate getrennt zu leben. Konrad ist damit einverstanden, dass Rita während dieser Zeit bei ihrer Freundin Jana F. wohnt. Wir werden während der Trennung mit einer Paartherapie beginnen.

Baden, 25. Juni 20xx

Rita R.   Konrad R.

MUSTER: TRENNUNGSVEREINBARUNG, WENN KINDER BETROFFEN SIND

Regula D.   Fred D.

Zürcherstrasse 10   Zürcherstrasse 10

8157 Dielsdorf   8157 Dielsdorf

Vereinbarung

- Wir vereinbaren, mit Wirkung ab dem 1. August 20xx zwölf Monate lang getrennt zu leben. Nehmen wir dann den gemeinsamen Haushalt nicht wieder auf, gilt diese Vereinbarung weiter.
- Während der Trennungszeit bleiben die Kinder Gret und Daniel bei der Mutter. Wir einigen uns von Fall zu Fall, wann der Vater die Kinder betreut.
- Während der Trennungszeit wohnen Regula und die Kinder in der ehelichen Wohnung. Fred bezahlt weiterhin den Mietzins.
- Fred zieht aus und kann die Einrichtung seines Arbeitszimmers – Tisch, Stühle, Büchergestell, Teppiche – sowie das Bett und den Schrank aus dem Gästezimmer zur Benützung mitnehmen.
- Fred bezahlt während der Trennung folgende Unterhaltsbeiträge:
  - für Regula   Fr. 1000.–
  - für Gret   Fr. 1500.– (zuzüglich Familienzulagen)
  - für Daniel   Fr. 1500.– (zuzüglich Familienzulagen)

Die Beiträge sind im Voraus jeweils auf den Monatsersten zu bezahlen.

Dielsdorf, 15. Juli 20xx

Regula D.   Fred D.

klärt und kann als Ausgangspunkt für die Scheidungsvereinbarung dienen. Im Anhang finden Sie ein Beispiel einer solchen ausführlichen Trennungsvereinbarung. Natürlich können Sie den Text für Ihre eigene Abmachung nicht einfach eins zu eins übernehmen, sondern müssen ihn an Ihre Situation anpassen. Benutzen Sie das Beispiel als Formulierungshilfe und Checkliste, damit nichts vergessen geht.

TIPP *Lassen Sie sich unbedingt beraten, wenn Sie sich bei komplexeren Fragen – etwa im Zusammenhang mit dem Unterhalt, den Steuern oder dem Güterrecht – unsicher fühlen. Das muss nicht als Misstrauensvotum verstanden werden. Eine solche Beratung können Sie auch gemeinsam einholen, um eine faire, einvernehmliche Lösung sicherzustellen.*

Chancen und Risiken aussergerichtlicher Trennungsvereinbarungen

Aussergerichtliche Vereinbarungen über das Getrenntleben kommen in der Praxis häufig vor. Es entspricht einem natürlichen und gesunden Instinkt, wenn Eheleute in einer Krise ihre Angelegenheiten möglichst ausserhalb des Gerichtssaals zu lösen versuchen. Für eine aussergerichtliche Trennungsvereinbarung sprechen folgende Gründe:

- Die Vereinbarung ist Ausdruck Ihrer Privatautonomie und stärkt Ihre Eigenverantwortung. Zudem werden Regelungen, die gemeinsam erarbeitet wurden, anschliessend von beiden Seiten besser eingehalten.
- In einer aussergerichtlichen Vereinbarung können Sie eher auf Ihre Situation massgeschneiderte Lösungen festhalten, die von üblichen gerichtlichen Standardregelungen abweichen.
- Die Kosten für eine private Trennungsvereinbarung sind in der Regel tiefer als bei einem gerichtlichen Verfahren.

Private Trennungsvereinbarungen setzen jedoch eine grosse Portion gegenseitiges Vertrauen voraus sowie die Bereitschaft beider Parteien, den Vertrag einzuhalten. Es ist wichtig, dass Sie sich dessen bewusst sind und die Risiken kennen:

- Eine private Vereinbarung gilt nur auf Zusehen hin, nämlich so lange, wie beide Seiten damit einverstanden sind. Sind Sie und Ihr Mann, Ihre Frau sich zu einem späteren Zeitpunkt über einzelne Punkte nicht mehr einig, müssen sie das Eheschutzgericht anrufen. Dieses wird nicht prüfen, ob sich die Verhältnisse seit Abschluss Ihrer Vereinbarung erheblich und dauerhaft verändert haben, sondern es wird die Sache von Grund auf neu beurteilen. Allerdings wird das Gericht den Unterhalt erst ab dem Zeitpunkt, zu dem das Gerichtsverfahren anhängig gemacht wurde, neu festsetzen. Für die Zeit davor wird von der Verbindlichkeit der Vereinbarung ausgegangen; rückwirkend können in diesen Fällen keine Unterhaltsbeiträge festgesetzt werden.

- Sämtliche Abmachungen über die Betreuung der Kinder und den persönlichen Kontakt haben ohne gerichtliche Genehmigung keinerlei rechtsverbindliche Wirkung.

- Eine aussergerichtliche Vereinbarung über den Unterhalt für die Kinder und den Ehegatten, die Ehefrau berechtigt zwar – wenn die Unterhaltsbeiträge nicht bezahlt werden – in einer Betreibung zur provisorischen Rechtsöffnung. Ist allerdings für den gleichen Zeitraum bereits ein gerichtliches Verfahren zur Festlegung des Unterhaltsbeitrags anhängig, wird die Rechtsöffnung nicht mehr erteilt, weil der aussergerichtlichen Vereinbarung keine Bindungswirkung zukommt.

- Werden Unterhaltsbeiträge nicht bezahlt und müssen Sie Inkassohilfe und/oder Alimentenbevorschussung in Anspruch nehmen (siehe Seite 188), brauchen Sie dazu einen Entscheid des Eheschutzgerichts oder mindestens eine gerichtlich genehmigte Unterhaltsregelung.

- Auch für die Aufhebung der Plafonierung bei den AHV- und IV-Renten (siehe Seite 133) braucht es eine gerichtlich genehmigte Vereinbarung.
- Wenn eine private Trennungsvereinbarung als unzulässiger Verzicht auf Unterhaltsbeiträge eingestuft wird, droht der Verlust von Ergänzungsleistungen (siehe Seite 134). Diese Gefahr besteht in der Regel nicht, wenn Sie einen gerichtlichen Entscheid über den ehelichen Unterhalt haben.
- Sozialhilfe wird nur ausgerichtet, wenn aufgrund einer gerichtlichen Unterhaltsberechnung feststeht, dass Mittel der öffentlichen Hand erforderlich sind. Eine private Vereinbarung genügt nicht.
- Haben Sie in einer einfachen schriftlichen Vereinbarung die Gütertrennung oder einen Stichtag für die spätere güterrechtliche Auseinandersetzung vereinbart, ist dies rechtlich unwirksam. Wurden sie nicht vom Eheschutzgericht angeordnet, müssen solche Abmachungen – wie alle Eheverträge – öffentlich beurkundet werden.

DIESE PUNKTE GEHÖREN IN EINE TRENNUNGSVEREINBARUNG

- Wann beginnt die Trennung?
- Trennen sich die Gatten für eine bestimmte oder unbestimmte Zeit?
- Bei wem bleiben die Kinder und wann kann der andere Elternteil sie betreuen?
- Wer bleibt in der ehelichen Wohnung?
- Was erhält die ausziehende Seite vom Hausrat?
- Welche Unterhaltsbeiträge sind geschuldet und auf welchen Grundlagen (Einkünfte und Lebenshaltungskosten von Mann, Frau und Kindern) beruhen sie?
- Braucht es Regelungen in Bezug auf das eheliche Vermögen?
- Soll insbesondere eine Gütertrennung vorgenommen werden?

TIPP *Lassen Sie Ihre private Trennungsvereinbarung von einer Rechtsberatungsstelle oder einem Anwalt auf Vollständigkeit, Klarheit und Angemessenheit überprüfen. Das kostet wenig und gibt Ihnen die Sicherheit, dass Sie nichts vergessen und auch nicht unwissentlich auf etwas verzichtet haben, das Ihnen rechtlich zusteht.*

Empfehlenswert: gerichtliche Genehmigung der privaten Vereinbarung

Es gibt einen eleganten, wenig kostspieligen Weg, um die Risiken einer aussergerichtlichen Vereinbarung weitgehend auszuschalten. Sie können Ihre Vereinbarung dem für Sie zuständigen Eheschutzgericht einreichen und eine gerichtliche Genehmigung verlangen. Ein einfacher Brief genügt (siehe Muster). Welches Gericht für Sie zuständig ist, erfahren Sie bei der Gemeindeverwaltung an Ihrem Wohnort

Das Eheschutzgericht wird Sie zu einer kurzen, formlosen Anhörung vorladen. Ergeben die persönliche Befragung und die Prüfung der eingereichten Unterlagen zu den finanziellen Verhältnissen, dass Ihre Vereinbarung angemessen ist, wird sie das Gericht genehmigen. In einigen Kantonen genehmigt das Gericht die Vereinbarung sogar ohne zusätzliche Verhandlung, wenn alle notwendigen Belege eingereicht werden, die Abmachungen klar und vollständig sind und keine minderjährigen Kinder betroffen sind. Ist die Vereinbarung gerichtlich genehmigt, erhält sie dieselbe Bindungswirkung wie ein eheschutzrichterlicher Entscheid.

TIPP *Auch wenn Ihre Trennungsvereinbarung in einem Mediationsverfahren oder mithilfe einer Anwältin ausgearbeitet wurde, kann es sinnvoll sein, eine gerichtliche Genehmigung einzuholen.*

MUSTER: BITTE UM GENEHMIGUNG DER PRIVATEN VEREINBARUNG

Regula und Fred D.   EINSCHREIBEN
Zürcherstrasse 10   Bezirksgericht Dielsdorf
8157 Dielsdorf   8157 Dielsdorf

Dielsdorf, 15. Juli 20xx

Sehr geehrte Frau Präsidentin, sehr geehrter Herr Präsident

Wir beabsichtigen, ab dem 1. August 20xx getrennt zu leben. Über die
Modalitäten dieses Getrenntlebens haben wir uns in einer Vereinbarung
geeinigt. Wir möchten unsere Abmachungen durch das Eheschutzgericht
genehmigen lassen und bitten Sie, uns zu einer Verhandlung vorzuladen.

Freundliche Grüsse

Regula D.   Fred D.

- Kopie Schriftenempfangsschein
- Familienausweis
- Trennungsvereinbarung
- Letzte vollständige Steuererklärung mit allen Beilagen, insbesondere
  den Lohnausweisen
- Belege zu den Lebenshaltungskosten (Mietverträge, Krankenkassen-
  und Versicherungspolicen etc.)

Mediation – ein aussergerichtlicher Weg der Konfliktlösung

Viele Paare möchten ihre Trennung ohne Gericht gemeinsam und fair regeln. Doch auf sich selbst gestellt, gelingt dies nicht allen. Trotz gutem Willen landen sie immer wieder bei denselben Unvereinbarkeiten. Einen Ausweg aus der Sackgasse bietet die Familienmediation. Mediation findet ausserhalb des Gerichtssaals statt. Eine neutrale Drittperson – der Mediator oder die Mediatorin – unterstützt Sie und Ihren Ehemann, Ihre Frau dabei, die mit der Trennung verbundenen Fragen zu den Kindern, zum Unterhalt, zum Vermögen etc. einvernehmlich zu lösen und eine rechtsverbindliche Trennungsvereinbarung abzuschliessen. Möglich ist auch eine Teilmediation zu strittigen Einzelfragen, zum Beispiel zu den Regelungen für die Kinder.

GERTRUD UND HANS S. können sich über den Unterhalt für Frau S. nicht einigen. Die beiden beschliessen, den Konflikt in einem Mediationsverfahren zu lösen. In den ersten zwei Sitzungen werden die Einkommen und Lebenshaltungskosten im Detail dokumentiert, und im Rahmen eines Brainstormings werden verschiedene Optionen erarbeitet. Anschliessend erarbeiten die beiden in einem «Prozess des Nehmens und Gebens» eine tragfähige Lösung. Wichtige Punkte darin sind, dass Hans S., der als selbständiger Grafiker arbeitet, trotz der Trennung seine schon lange geplante zweimonatige Asienreise machen kann und dass Gertrud S. eine Ausbildung als Erwachsenenbildnerin beginnt. Die Mehrkosten für die Reise und die Einkommenseinbusse von Frau S. werden aus den gemeinsamen Ersparnissen gedeckt. Die Eheleute vereinbaren zudem, dass sie nach dem Abschluss der Ausbildung von Frau S. auf der Basis der von ihr dann erzielten Einkünfte eine neue Berechnung vornehmen werden. Sollten sie sich nicht einigen können, werden sie sich wieder an die Mediatorin wenden.

Mediation ist heute allgemein anerkannt. So kann das Eheschutzgericht ein Ehepaar auffordern, Konflikte im Zusammenhang mit der Obhut der Kinder und/oder dem persönlichen Kontakt im Rahmen einer Mediation zu lösen.

Wichtig: die richtige Person

Mediatorinnen und Mediatoren kommen von einem juristischen oder psychosozialen Grundberuf und haben eine Zusatzausbildung absolviert. Sie kennen sich in Verhandlungsführung und Konfliktlösungstechniken aus und schaffen ein Gesprächsklima, in dem die Eheleute selber die passende Lösung erarbeiten können. Das ist nur möglich, wenn Sie und Ihre Ehefrau, Ihr Mann dieser Person vertrauen und sich mit ihr wohlfühlen.

TIPP *«Mediator» ist keine geschützte Berufsbezeichnung. Achten Sie darauf, dass Ihre Vermittlungsperson eine Anerkennung des Schweizerischen Dachverbands für Mediation besitzt. Im Anhang finden Sie Adressen von Stellen, die Ihnen geeignete Personen vermitteln können.*

Grenzen der Mediation

Mediation ist eine gute Alternative zum gerichtlichen Verfahren, aber kein Allheilmittel. Diese Art der Konfliktlösung beruht auf Individualität, Autonomie und Freiwilligkeit. Es gibt durchaus Situationen, in denen dies nicht gewährleistet ist: etwa wenn der Trennung Gewalt in der Ehe vorangegangen ist, wenn eine Seite psychisch krank oder aus anderen Gründen nicht in der Lage ist, ihre Interessen zu vertreten.

Mediation findet zudem nicht ausserhalb von Recht und Gesetz statt. Zwar ist es in diesem Rah-

 BUCHTIPP

Möchten Sie mehr über Mediation wissen? Ausführliche Informationen finden Sie in diesem Beobachter-Ratgeber: **Mediation – Konflikte besser lösen.** www.beobachter.ch/buchshop

men möglich, individuelle Lösungen zu finden, die ein Eheschutzrichter so nicht anordnen könnte, weil er sich an die Gerichtspraxis halten muss. Doch rechtliche Ansprüche sind ein Bestandteil der Realität und es ist wichtig, dass beide Seiten ihre Rechte und Pflichten kennen. Wenn Sie oder Ihr Partner, Ihre Partnerin im Interesse einer gemeinsamen Lösung auf ein Recht verzichten, müssen Sie sich dessen bewusst sein. Sonst werden Sie, sollten Sie erst nachträglich davon erfahren, das ganze Ergebnis der Mediation infrage stellen. Wichtig ist deshalb die Fairnesskontrolle der gemeinsam gefundenen Lösung durch einen Anwalt Ihres Vertrauens.

Einen Anwalt einschalten?

Bei den meisten Trennungen ist die Situation überschaubar und die Regelung hat einen weniger langfristigen Charakter als bei einer Scheidung. Zudem versuchen die Eheschutzgerichte in einem eher formlosen Verfahren in erster Linie, zwischen den beiden Eheleuten zu vermitteln. Deswegen verzichten Ehepaare bei Trennungen häufig darauf, einen Anwalt, eine Anwältin beizuziehen.

Faire Anwälte und Anwältinnen können Ihnen aber auch eine Menge Ärger ersparen. Vor allem wenn Sie sich unsicher und Ihrem Ehemann, Ihrer Frau unterlegen fühlen, wenn Sie wenig Erfahrung mit komplexen rechtlichen oder finanziellen Fragen haben, engagieren Sie besser einen Anwalt, der nur für Sie da ist. Auch wenn sich die andere Seite von einer Anwältin vertreten lässt, sollten Sie ebenfalls einen Rechtsbeistand beiziehen.

TIPP *Nicht ohne eigenen Anwalt werden Sie auskommen, wenn sich massive Konflikte abzeichnen.* Dies gilt vor allem, wenn die Regelungen für die Kinder umstritten sind, wenn es um grössere Unterhaltsbeiträge geht oder die Frage nach einer Gütertrennung im Raum steht.

Die Zusammenarbeit mit dem Anwalt

Wählen Sie auf jeden Fall einen Spezialisten in Familien- und Erbrecht, der sich je nach Situation auch im internationalen privaten Familienrecht auskennt. Seine Unterstützung können Sie in unterschiedlichem Umfang beanspruchen:

- Sie gehen zu einer **einmaligen Beratung** von ein bis zwei Stunden, um einen Überblick über Ihre Rechte und Pflichten in der Trennungssituation zu erhalten. Dabei müssen Sie mit einem Stundenansatz von 250 bis 400 Franken rechnen.
- Sie können einer Anwältin **gemeinsam den Auftrag** geben, mit Ihnen zusammen eine tragfähige Trennungsvereinbarung auszuarbeiten. Eine gute Familienanwältin kennt die Gerichtspraxis und die verschiedenen Möglichkeiten. Zudem ist eine Anwältin günstiger als zwei und die Genehmigung vom Eheschutzgericht können Sie ohne ihre Hilfe einholen. Einen Haken hat die Sache allerdings: Können Sie und Ihr Ehemann, Ihre Frau sich nicht einigen und kommt es zu einer gerichtlichen Auseinandersetzung, müssen Frau und Mann je einen neuen Anwalt beiziehen. Die Anwältin, die vorher beide beraten hat, kann nun nicht eine Partei gegenüber der anderen vertreten.
- Sie bitten einen Anwalt, die in der Mediation erarbeitete Vereinbarung einer **Fairnesskontrolle** zu unterziehen.
- Schliesslich bleibt die klassische **Interessenvertretung**: Sie beauftragen einen Anwalt Ihres Vertrauens, sich in den Verhandlungen

mit der anderen Seite für Ihre Interessen einzusetzen und Sie falls notwendig im Eheschutzverfahren zu vertreten.

TIPP *Punktuelle Beratung und Hilfe bei der Formulierung einfacher Trennungsvereinbarungen erhalten Sie auch bei Rechtsberatungsstellen (Adressen im Anhang).*

Zentral: Vertrauen und Offenheit

Neben der fachlichen Kompetenz Ihres Rechtsbeistands ist es wichtig, dass Sie sich mit ihm auf der persönlichen Ebene gut verstehen, dass Sie Vertrauen haben. Ein guter Anwalt wird sich nicht mit wehenden Fahnen für Sie in die Schlacht stürzen – und dort untergehen. Er wird die nötige kritische Distanz mitbringen, die Rechtslage einschätzen und Ihnen sinnvolle Vorschläge unterbreiten. Diese decken sich vielleicht nicht ganz mit Ihren Vorstellungen. Doch es nützt Ihnen nichts, wenn Sie mit unrealistischen Anträgen vor Gericht erscheinen.

Grundlage der Zusammenarbeit ist die Anwaltsvollmacht und eine Honorarvereinbarung. Folgende Punkte können Sie von einem kompetenten Anwalt erwarten:

■ Sie erhalten Orientierungskopien sämtlicher Anwaltskorrespondenz. Falls Sie diese Dokumente nicht nach Hause geschickt haben möchten, geben Sie eine Korrespondenzadresse an. Sofern es die Zeit zulässt, ist es sinnvoll, dass Sie auch Entwürfe von Rechtsschriften, Plädoyernotizen und Vereinbarungen vorgängig zur Stellungnahme erhalten.

■ Sie erhalten Kopien der Rechtsschriften und Plädoyernotizen der Gegenpartei.

■ Sie erhalten immer und unbedingt Kenntnis von Vergleichsvorschlägen der Gegenpartei.

■ Ihr Anwalt, Ihre Anwältin verlangt für Sie die unentgeltliche Prozessführung, wenn die Voraussetzungen dafür gegeben sind (siehe Seite 168).

DIESE UNTERLAGEN BRAUCHT IHR ANWALT

Unterlagen über Einkommen und Ausgaben der Familie
- Lohnausweise und Salärbelege
- Steuererklärungen mit sämtlichen Beiblättern
- Bei Selbständigerwerbenden die Geschäftsabschlüsse (Bilanzen und Ertragsrechnungen) der letzten drei bis fünf Jahre
- Belege über Wohnkosten, Versicherungs- und Krankenkassenprämien, Schulgelder, Arztkosten, Fahrkosten, Steuern sowie weitere feste Lebenshaltungskosten
- Belege zu Unterhaltsverpflichtungen gegenüber einem früheren Ehegatten und/oder nicht gemeinsamen Kindern

Unterlagen zum Vermögen beider Seiten
- Eheverträge
- Erbteilungsverträge, die Erbanfälle belegen
- Vollständige Auszüge von Bankdepots und -konten
- Lebensversicherungspolicen (wenn möglich bereits mit einer Angabe der Versicherungsgesellschaft über den aktuellen Rückkaufswert inkl. Überschussanteil)
- Aufstellung über gemeinsame oder alleinige Schulden gegenüber Banken (Kleinkredite) und Dritten sowie über Steuerschulden

Unterlagen zu Liegenschaften
- Kaufvertrag
- Neuer, vollständiger Grundbuchauszug
- Belege über die aktuelle Hypothek
- Aufstellung über Unterhaltskosten
- Belege über die Herkunft der beim Kauf sowie bei Renovationen und Umbauten investierten Mittel
- Ertrag aus vermieteten Liegenschaften

→

Weitere Unterlagen

- Bereits früher abgeschlossene Trennungsvereinbarungen
- Frühere Entscheide eines Eheschutzgerichts
- Arztzeugnisse
- Berichte von Behörden, Schul- oder Jugendpsychologen über die Kinder
- Aktueller Familienausweis; für ausländische Staatsangehörige: Attest über den familiären Status

---

Zeit ist Geld – auch in der Zusammenarbeit mit Ihrem Anwalt. Bringen Sie deshalb schon zur ersten Besprechung die nötigen Unterlagen mit und schreiben Sie alle Punkte auf, die aus Ihrer Sicht geklärt werden müssen (siehe Zusammenstellung).

Das Anwaltsgeheimnis

Anwältinnen und Anwälte unterliegen einem strikten, umfassenden Berufsgeheimnis. Dieses Anwaltsgeheimnis – an das übrigens auch alle weiteren Anwälte und Sekretariatsangestellte in derselben Anwaltskanzlei gebunden sind – gilt gegenüber dem Gericht, gegenüber der Gegenpartei sowie gegenüber allen staatlichen Behörden.

In Ihrem eigenen Interesse sollten Sie die Anwältin Ihres Vertrauens möglichst umfassend über alles informieren, was in Ihrem Fall von Bedeutung werden könnte. Konzentrieren Sie sich nicht nur auf das Fehlverhalten und die Unterlassungen der anderen Partei, sondern erwähnen Sie auch Ereignisse, bei denen Sie selbst in einem weniger vorteilhaften Licht erscheinen. Die Gegenpartei wird diese Vorfälle mit Sicherheit aufs Tapet bringen – Ihre Anwältin kann nur dann in Ihrem Sinn darauf reagieren, wenn sie davon weiss.

TIPP *Sind Sie unsicher, ob alles seinen richtigen Lauf nimmt? Holen Sie eine Zweitmeinung ein. Ein professioneller Anwalt wird Ihnen das nicht übel nehmen.*

Wie hoch sind die Kosten?

Ihr Anwalt wird mit Ihnen eine Honorarvereinbarung abschliessen. Scheuen Sie sich nicht, ihn gleich bei der ersten Konsultation nach den ungefähren Kosten seiner Bemühungen zu fragen. Er wird mit Ihnen einen Stundenansatz vereinbaren, der von der Komplexität und vom Interessenwert Ihres Falls abhängt. Sind also die Unterhaltsbeiträge auf der Basis eines jährlichen Familieneinkommens von 240 000 Franken zu berechnen, fällt der Ansatz höher aus als bei einem Einkommen von 75 000 Franken. Die Ansätze schwanken in der Regel zwischen 250 und 400 Franken pro Stunde. Schwieriger ist eine Prognose der Gesamtkosten – niemand weiss ja zum Voraus, ob sich die Parteien schnell einigen können oder ob auch noch vor Obergericht prozessiert werden muss. Der Anwalt wird Ihnen aber für die verschiedenen Szenarien einen ungefähren Kostenrahmen nennen können.

! **INFO** *Sind Sie nicht in der Lage, die Anwaltskosten selbst zu bezahlen, wird Ihr Anwalt, Ihre Anwältin für Sie die unentgeltliche Prozessführung verlangen (siehe Seite 168).*

Wer bezahlt den Anwalt?
Der Klient, der eine Anwältin mit einem Mandat beauftragt, haftet direkt für die verursachten Anwaltskosten. Je nach Situation bedeutet dies:

- Ehepaare, die gemeinsam eine einmalige Beratung in Anspruch nehmen oder vom Anwalt eine Vereinbarung ausarbeiten lassen, machen ab, wer welchen Anteil der Anwaltskosten übernimmt.
- Finden Mann und Frau vor Eheschutzgericht eine Einigung, werden die Gerichtskosten meist halbiert und jede Seite muss für ihren Anwalt selber aufkommen. Ist die finanzielle Leistungsfähigkeit sehr unterschiedlich, wird das Gericht jedoch eine andere Lösung vorschlagen.

- Muss das Eheschutzgericht entscheiden, legt es die Prozessentschädigungen fest. Diese werden nach Massgabe des Obsiegens und Unterliegens bestimmt. Solche Prozessentschädigungen decken die effektiven Anwaltskosten meist nicht ab. Auch wenn Sie den Prozess gewinnen, kann also noch ein Restbetrag bleiben, den Sie selbst übernehmen müssen.

◆ **VERENA UND LUKAS O.** sind sich zwar über die Trennung und die Kinderbelange einig, streiten vor Gericht aber über den Unterhaltsbeitrag. Frau O. verlangt für sich persönlich Alimente von 6000 Franken, ihr Mann ist nur bereit, ihr 2000 Franken zu zahlen. Das Gericht erachtet 3000 Franken als angemessen und verpflichtet Frau O., die mit ihrem Standpunkt mehrheitlich unterlegen ist, ihrem Mann 2000 Franken an seine Anwaltskosten zu bezahlen.

DEN RICHTIGEN ANWALT FINDEN

- Das Beobachter-Beratungszentrum vermittelt Anwälte und Anwältinnen, die auf Familienrecht spezialisiert sind (www.beobachter.ch/beratung → Anwaltssuche).

- Der Schweizerische Anwaltsverband und die Demokratischen Juristinnen und Juristen der Schweiz führen Listen ihrer Mitglieder mit deren Spezialgebieten (www.sav-fsa.ch → Anwaltssuche oder www.djs-jds.ch → Anwält_innen).

- Besonders qualifiziert sind Anwältinnen und Anwälte, die die umfassende Weiterbildung zum Fachanwalt SAV Familienrecht des Schweizerischen Anwaltsverbands absolviert haben (www.sav-fsa.ch → Anwaltssuche → Fachanwalt/Fachanwältin SAV).

- Sehr hilfreich kann auch die Empfehlung eines Freundes sein, der sich von seiner Anwältin gut vertreten fühlte.

Wenn das Gericht entscheiden soll

Ein Eheschutzverfahren stellt eine erhebliche Zäsur in Ihrem Leben als Paar dar; der Schritt will deshalb gut überlegt sein. Egal, ob Sie selbst das Trennungsbegehren eingereicht haben oder nicht – die nächsten Wochen oder Monate werden schwierig werden.

Bis endlich durch den Spruch des Richters geklärt ist, wer in der Wohnung bleibt und wer wann auszieht, kann es geraume Zeit dauern: Ab Einreichung des Eheschutzbegehrens bis zur Verhandlung können gut und gerne ein bis zwei Monate verstreichen. Wenn Sie dann auch mithilfe des Gerichts keinen Vergleich abschliessen können, dauert es möglicherweise nochmals einige Wochen, bis der Gerichtsentscheid vorliegt. Diese Schlussphase des ehelichen Zusammenlebens, die geprägt ist von Spannungen und der Unsicherheit über die eigene Zukunft und diejenige der Familie, ist für alle sehr belastend.

Soll man provisorisch ausziehen oder ausharren? Die Frage ist nicht einfach zu beantworten. Wer auszieht, riskiert, dass damit vorentschieden wird, wer während der Trennung in der Wohnung bleibt. Versuchen Sie, Ihren Mann, Ihre Frau zu einer gemeinsamen schriftlichen Erklärung zu bewegen, dass Ihr Auszug lediglich zur Beruhigung der Verhältnisse dient und keinerlei Einfluss auf die Wohnungszuteilung haben soll, ebenso wenig auf die Frage, wer letztendlich die Obhut über die Kinder erhält.

Welches Gericht ist zuständig?

Entscheiden muss das Eheschutzgericht am Wohnsitz eines der beiden Ehegatten. Unter Wohnsitz versteht das Gesetz denjenigen Ort, wo sich eine Person «mit der Absicht dauernden Verbleibens» aufhält. Oder anders gesagt: Ihr Wohnsitz ist dort, wo sich Ihr Lebensmittelpunkt befindet. Welche Instanz in Ihrem Kanton die eheschutzrichterliche Funktion wahrnimmt, erfahren Sie bei Ihrer Wohnsitzgemeinde.

DIE EHELICHE WOHNUNG von Isa und Reto W. ist in Meilen. Nach der Trennung bezieht Reto W. zunächst ein provisorisches Domizil bei seinen Eltern. Diese wohnen in Uster. Zuständig für die Ehegatten W. ist weiterhin allein das Bezirksgericht Meilen; der vorübergehende Aufenthalt des Ehemanns in Uster begründet keine Zuständigkeit des dortigen Bezirksgerichts.

Der prozessrechtliche Wohnsitz ist nicht unbedingt der Ort, wo man angemeldet ist und Steuern bezahlt. Eine reine Briefkastenadresse genügt also nicht.

Wurde ein bestimmtes Eheschutzgericht einmal angerufen und ist es damit zuständig, ändert sich daran nichts, auch wenn die Parteien später umziehen.

FRAU W. HAT BEIM EHESCHUTZGERICHT des Bezirks Meilen geklagt. Noch vor der Verhandlung zieht sie mit den Kindern nach Baden in den Kanton Aargau. Das Gericht in Meilen bleibt für das Ehepaar W. zuständig, und als Herr W. später Rekurs einreicht, wird dieser vom Zürcher Obergericht behandelt.

Für spätere Begehren um Abänderung eheschutzrichterlicher Massnahmen ist wieder das Gericht am – dann aktuellen – Wohnsitz des Mannes oder der Frau zuständig.

MUSTER: TRENNUNGSBEGEHREN

Berta G.

Schenkenweg 17

4623 Neuendorf

EINSCHREIBEN

Richteramt Thal – Gäu

4710 Balsthal

Neuendorf, 1. Juni 20xx

Sehr geehrte Frau Richterin

Da es um unsere Ehe seit Langem schlecht bestellt ist, bitte ich Sie, eheschutzrichterliche Massnahmen gegenüber meinem Mann Fritz G. anzuordnen. Er wohnt an derselben Adresse wie ich.

Ich beantrage,
- dass ich getrennt leben darf,
- dass mein Mann bis spätestens am 1. September 20xx die Wohnung
  verlassen muss,
- dass ich unsere beiden Kinder Miklos und Barbara bei mir behalten kann,
- dass ich und die Kinder angemessene Unterhaltsbeiträge erhalten,
  deren Höhe ich Sie festzusetzen bitte.

Da ich nicht genau weiss, wie viel mein Mann verdient, bitte ich Sie, ihn
aufzufordern, zur Verhandlung aktuelle Salärbelege mitzunehmen.
Ich bitte Sie höflich, uns vorzuladen. Bitte berücksichtigen Sie bei der
Terminierung, dass ich bis zum 24. August 20xx abwesend bin.

Freundliche Grüsse

Berta G.

Das Verfahren vor dem Eheschutzgericht

Es gibt verschiedene Wege, wie Sie Ihr Eheschutzbegehren beim zuständigen Gericht einreichen können:

- Am einfachsten ist es, direkt beim Gericht vorzusprechen und das Eheschutzbegehren mündlich zu Protokoll zu geben. Nehmen Sie diejenigen Unterlagen mit, die auf Seite 155 aufgeführt sind. Die Mitarbeiter des Gerichts werden Sie bei der Abfassung der einzelnen Rechtsbegehren beraten und auch die Unterlagen nennen, die Sie allenfalls noch nachliefern müssen.

- Wenn Sie Ihr Eheschutzbegehren schriftlich einreichen wollen, finden Sie auf den Internetseiten der Gerichte Formulare, die Ihnen die Arbeit erleichtern (zum Beispiel www.gerichte-zh.ch → Themen → Ehe und Familie → Formulare). Auf den Formularen sind die Unterlagen aufgelistet, die das Gericht benötigt.

- Sie können das Verfahren ohne Weiteres auch mit einem einfachen eingeschriebenen Brief anhängig machen. Darin beantragen Sie die Trennung und nennen Ihre Wünsche zur Zuweisung der ehelichen Wohnung, zur Kinderzuteilung sowie zur Gestaltung des ehelichen Unterhalts und bitten das Gericht, im Sinn dieser Anträge zu entscheiden (siehe Muster auf Seite 161). Legen Sie Ihrem Brief möglichst vollständige Unterlagen bei (siehe Seite 155).

- Werden Sie von einer Anwältin vertreten, wird diese in Ihrem Namen eine Eingabe verfassen, die mit Ihnen besprochenen Rechtsbegehren stellen und im Detail begründen.

Ein paar Tage nach Einreichen Ihres Eheschutzbegehrens erhalten Sie Post vom Gericht. Einige Gerichte werden Sie auffordern, eine Kaution für die Gerichtskosten einzuzahlen, andere Gerichte werden Sie und Ihren Ehemann, Ihre Frau direkt zur Eheschutzverhandlung vorladen. Wenn Sie aus gesundheitlichen oder beruflichen Gründen verhindert sind, bitten Sie möglichst frühzeitig um eine Verschiebung.

Legen Sie ein Arztzeugnis oder eine Bestätigung des Arbeitgebers bei. Wer der Verhandlung unentschuldigt fernbleibt, verliert die Möglichkeit, diejenigen Gesichtspunkte ins Verfahren einzubringen, die zu seinen Gunsten sprechen. Erscheint der beklagte Ehegatte nicht vor Gericht, wird die Richterin einseitig auf die Ausführungen der klagenden Partei abstellen – und das kann fatale Folgen haben. Erscheint die klagende Seite nicht, nimmt das Gericht an, das Begehren sei zurückgezogen, und schreibt die Angelegenheit ab.

Gut vorbereitet in die Verhandlung

Eheschutzverfahren spielen sich meist dann ab, wenn der Konflikt eskaliert ist, wenn buchstäblich die Fetzen fliegen. Schnelle Entscheidungen sind deshalb nötig; diese werden im sogenannten summarischen Verfahren getroffen:

Ein weitläufiges, zeitraubendes Beweisverfahren mit Anhörung von Zeugen oder Einholung von Gutachten findet dabei nur in Ausnahmefällen statt. Das Gericht stellt stattdessen auf die Sachverhalte ab, die eine Partei glaubhaft machen kann und die ihm plausibel erscheinen. Zwar kann das Eheschutzgericht beim Arbeitgeber Auskünfte über den Lohn, bei Banken Angaben zum Vermögen und den Vermögenserträgen verlangen oder Abklärungen zu den Kindern vornehmen; meist wird aber auf der Basis der eingereichten Dokumente entschieden.

TIPP *Überlegen Sie sich vor der Verhandlung genau, was Sie erreichen und wie Sie es begründen wollen. Es geht um all die Aspekte, die in den vorangehenden Kapiteln behandelt wurden (siehe Kasten auf der nächsten Seite).*

Je umfassender das Gericht informiert ist, desto sachgerechter wird sein Entscheid sein. Kommen Sie deshalb nicht mit leeren Händen zur Verhandlung, sondern bringen Sie sämtliche Ihnen zur Verfügung

PUNKTE, DIE SIE VOR DER VERHANDLUNG ÜBERLEGEN SOLLTEN

- Warum will ich eine Trennung? Hat die Trennung scheidungsvorbereitenden Charakter oder brauche ich eine Besinnungspause, um mir über die Zukunft unserer Ehe klar zu werden?
- Bei wem sollen die Kinder bleiben?
- Wie soll im Interesse der Kinder die Betreuung organisiert werden?
- Wer soll während der Trennung in der Wohnung bleiben?
- Wann soll mein Gatte, meine Ehefrau ausziehen müssen?
- Was will ich vom Hausrat?
- Wie hoch sollen die Unterhaltsbeiträge für die Ehefrau – oder den Ehemann – und die Kinder sein?
- Besteht die Gefahr, dass ich die Unterhaltsbeiträge nicht erhalte, und soll deshalb der Arbeitgeber meines Mannes, meiner Frau angewiesen werden, die Beiträge direkt an mich zu zahlen?
- Besteht die Gefahr, dass eheliches Vermögen verschleudert wird, und soll deshalb die Gütertrennung angeordnet werden?
- Wer soll für die Gerichtskosten aufkommen?

stehenden Belege mit, die über die finanziellen Verhältnisse in Ihrer Ehe Auskunft geben. Meist ist auf der Vorladung angegeben, welche Unterlagen Sie vorlegen sollen (siehe auch Zusammenstellung auf Seite 155).

TIPP *Weil im summarischen Verfahren meist keine Zeugen angehört werden, nützt es Ihnen wenig, wenn Sie Ihre Vorgesetzte als Zeugin dafür benennen, dass Sie aus beruflichen Gründen auf ein Fahrzeug angewiesen sind. Bitten Sie die Chefin stattdessen um eine schriftliche Bestätigung und legen Sie diese dem Gericht vor.*

Wie läuft das Verfahren ab?

Die Gerichtsverhandlung wird von einer Einzelrichterin, einem Einzelrichter geleitet, die von einer Gerichtssekretärin und allenfalls einem Praktikanten assistiert werden. Zunächst wird diejenige Partei, die das Begehren gestellt hat, gebeten, ihre Anträge zu begründen. Man wird von Ihnen nicht ein Plädoyer verlangen, wie es ein Anwalt halten würde. Dem Gericht obliegt es vielmehr im Rahmen der **richterlichen Fragepflicht**, mit Ihnen Punkt für Punkt alle Themen durchzugehen, die geregelt werden müssen.

Anschliessend hat der andere Ehegatte die Gelegenheit, Ihre Ausführungen zu beantworten und eigene Anträge zu stellen.

INFO *Zu Beginn der persönlichen Befragung werden Sie darauf hingewiesen, dass Sie die Wahrheit sagen müssen und im Widerhandlungsfall mit einer Busse bestraft werden können. Die Gerichte sind aufgrund der Zivilprozessordnung verpflichtet, dies zu tun – es handelt sich also nicht um ein spezielles Misstrauensvotum Ihrer Person gegenüber.*

Sind die beiden Parteivorträge gehalten, legt das Gericht meist eine Verhandlungspause ein und unterbreitet Ihnen danach einen **Vergleichsvorschlag**. Die meisten Eheschutzverfahren werden, gestützt auf einen solchen gerichtlichen Vorschlag, einvernehmlich erledigt.

BERTA UND FRITZ G. (siehe Musterbrief Seite 161) sind vom Eheschutzgericht für den 4. Februar 2019 um 16 Uhr vorgeladen worden. Im einfach und nüchtern möblierten Raum sitzen an einem grossen Tisch die Eheschutzrichterin und der Gerichtssekretär. Nachdem sich alle vorgestellt haben, wird Frau G., die das Begehren gestellt hat, gebeten, ihre Anträge zu begründen. Die Richterin stellt ihr zu jedem Thema Fragen und bittet sie, Unterlagen über die finanziellen Verhältnisse vorzulegen.

Frau G. ist gut dokumentiert und kann detailliert Auskunft geben über das eigene Einkommen und die Ausgaben der Familie. Dann wird Herr G. nach seiner Ansicht gefragt und gebeten, über sein Einkommen und seine Lebenshaltungskosten zu informieren. Er legt seinen Lohnausweis vor, dazu die Steuererklärungen der letzten zwei Jahre. Anschliessend stellt die Richterin beiden gemeinsam einige Ergänzungsfragen; vor allem interessiert sie, wie die beiden Kinder auf die bevorstehende Trennung reagieren und wie ihre Betreuung gestaltet werden soll.

Dann werden Herr und Frau G. gebeten, draussen zu warten. Nach einer halbstündigen Verhandlungspause unterbreitet die Richterin den G.s einen Vergleichsvorschlag. Der vorgesehene Unterhaltsbeitrag gibt zwar zu reden, doch nach einigem Hin und Her einigen sich die beiden Eheleute und unterzeichnen die Vereinbarung, die das Gericht aufgesetzt hat. Um 19 Uhr ist die Verhandlung beendet, zwei Wochen später erhält jede Partei eine Verfügung der Eheschutzrichterin, in der die Vereinbarung genehmigt wird.

Wenn Sie nicht schon in der Gerichtsverhandlung eine definitive Stellungnahme zu einem gerichtlichen Vorschlag abgeben möchten, können Sie einen **Widerrufsvorbehalt** anbringen. Dann wird eine Frist von zehn oder zwanzig Tagen angesetzt, innert der Sie – aber auch Ihr Partner, Ihre Partnerin – die Zustimmung widerrufen können. So haben Sie Zeit, den Vorschlag von einer Rechtsberatungsstelle oder einer Anwältin überprüfen zu lassen. Der Vorschlag des Eheschutzgerichts tritt erst nach Ablauf der Widerrufsfrist in Kraft.

TIPP *Die Gerichte lieben solche Widerrufsvorbehalte nicht allzu sehr, weil sie die Sache definitiv vom Tisch haben wollen. Bleiben Sie hart, wenn Sie unsicher sind. Haben Sie einem Vergleich zugestimmt, ist die Sache gelaufen und eine Korrektur ist, wenn überhaupt, nur noch schwierig möglich.*

Was aber gilt, wenn sich ein Ehepaar auch vor dem Gericht nicht auf eine Vereinbarung einigen kann? Das Gericht wird zuerst insistieren. Nützt dies nichts, werden die Parteien nach Hause geschickt und erhalten später eine gerichtliche Verfügung, in der die strittigen Punkte entschieden sind.

DIE UNTERSCHIEDLICHEN VORSTELLUNGEN von Berta und Fritz G. zum Unterhaltsbeitrag sind zu gross, als dass im Gerichtssaal eine Einigung erzielt werden könnte. Schliesslich wird die Verhandlung beendet. Drei Wochen später erhalten die G.s eine zehn Seiten lange Verfügung, in der das Gericht die Unterhaltsberechnung vornimmt und den von Herrn G. geschuldeten Betrag festsetzt. Den Parteien wird eine Frist von zehn Tagen ab Erhalt der Verfügung angesetzt, um beim Obergericht schriftlich Berufung einzureichen, wenn sie damit nicht einverstanden sind.

Nun kommt beiderseits Hektik auf: Frau G. lässt sich bei einer Rechtsauskunftsstelle beraten, ihr Mann sucht einen Anwalt auf. Beide gelangen schliesslich zur Überzeugung, dass die gerichtliche Verfügung – die übrigens dem entspricht, was die Richterin schon an der Verhandlung vorgeschlagen hatte – sachgerecht ist und ein Rechtsmittel kaum Aussicht auf Erfolg hätte. Nach Ablauf der zehntägigen Frist ist der Entscheid rechtskräftig.

Mit oder ohne Anwalt?
Das Eheschutzverfahren ist ein einfaches und schnelles Verfahren, das wesentlich auf gerichtliche Vermittlung angelegt ist. Es ist deshalb in unkomplizierten Fällen durchaus möglich, ohne anwaltliche Vertretung vor Gericht zu erscheinen. Das Gericht wird im Rahmen der richterlichen Fragepflicht im Detail abklären, wie eine sachgerechte Lösung aussehen kann. Einen Anwalt benötigen Sie vor allem dann, wenn Sie sich unsicher fühlen oder wenn sich massive Konflikte um die Kinder und/oder den Unterhalt abzeichnen (siehe Seite 152).

TIPP *An manchen Orten haben die Eheschutzgerichte Sprechstunden eingerichtet, wo Sie Ihre wichtigsten Fragen beantwortet erhalten. Erkundigen Sie sich beim für Sie zuständigen Gericht (die Adresse erhalten Sie auf der Gemeinde).*

Wie viel kostet das Gerichtsverfahren?

Die Gerichtskosten schwanken von Kanton zu Kanton. Im Kanton Zürich liegen sie bei 1500 bis 2500 Franken, wenn das Verfahren mit einem Vergleich abgeschlossen werden kann. Muss das Eheschutzgericht einen Entscheid fällen, ist mit erstinstanzlichen Kosten von 3000 Franken an aufwärts zu rechnen. Ein Eheschutzverfahren kostet tendenziell weniger als ein Scheidungsverfahren. Lassen Sie sich von einer Anwältin vertreten, kommt natürlich deren Honorar noch dazu.

Einigen sich die Eheleute vor Gericht, werden die Gerichtskosten in der Regel halbiert. Muss das Gericht entscheiden, werden die Kosten derjenigen Partei ganz oder zum grössten Teil auferlegt, die mit ihren Begehren unterliegt.

Verlieren Sie vor Gericht und hat sich Ihre Ehefrau, Ihr Mann von einer Anwältin vertreten lassen, müssen Sie deren Honorar bezahlen. Und auch Ihre eigenen Anwaltskosten müssen Sie dann selber übernehmen.

Unentgeltliche Prozessführung

Reichen Ihre Mittel nicht, um die Gerichtskosten zu bezahlen, können Sie gleich zu Beginn der Verhandlung ein Gesuch um unentgeltliche Prozessführung stellen. Das bedeutet zweierlei: Zum einen werden Sie von Vorschüssen und Kautionen an das Gericht und von den Gerichtskosten befreit. Zum anderen wird der Anwalt, den Sie selbst ausgewählt haben, zum «unentgeltlichen Rechtsbeistand» ernannt und sein Honorar wird vom Gericht bezahlt.

Die unentgeltliche Prozessführung wird nur gewährt, wenn wirklich keine eigenen Mittel zur Verfügung stehen. Wer mehr als einige Tausend Franken auf dem Konto hat und über ein Einkommen verfügt, das das Existenzminimum um einige Hundert Franken übersteigt, muss die Kosten selber tragen.

Muss man später trotz unentgeltlicher Prozessführung für Anwalts- und Gerichtskosten geradestehen? Wenn Sie den Prozess gewonnen haben, muss die Gegenpartei für sämtliche Kosten beider Parteien aufkommen. Weniger rosig sieht es bei einer Niederlage aus: Zwar bleiben Sie vorderhand von der Bezahlung der Gerichtskosten und der eigenen Anwaltsrechnung verschont. Bessern sich aber später Ihre finanziellen Verhältnisse, müssen Sie nachzahlen. Die Gerichte stellen Ihnen periodisch alle paar Jahre eine Rechnung zu; können Sie nicht nachweisen, dass es Ihnen finanziell immer noch schlecht geht, müssen Sie diese bezahlen. Haben Sie den Prozess verloren, müssen Sie zudem für die Anwaltskosten der Gegenseite aufkommen; daran ändert auch die unentgeltliche Prozessführung nichts.

Nicht einverstanden mit dem Entscheid des Gerichts

Hat das Gericht nicht in Ihrem Sinn entschieden und wollen Sie die Sache weiterziehen, müssen Sie sofort aktiv werden: Suchen Sie, wenn Sie noch keine anwaltliche Vertretung haben, unverzüglich eine Anwältin oder einen Anwalt auf und lassen Sie sich über die Aussichten und Risiken eines Rechtsmittelverfahrens beraten.

Berufung einreichen

Nach der Zustellung des Gerichtsentscheids läuft eine Rechtsmittelfrist von zehn Tagen, innert der Sie Ihre schriftliche – und sorgfältig begründete! – Berufung bei der höheren Instanz einreichen müssen.

Diese Frist dürfen Sie unter keinen Umständen verpassen, sonst wird der Entscheid rechtskräftig und die obere Instanz kann auf Ihr Anliegen nicht eintreten. Nur in seltenen Ausnahmefällen ist die Wiederherstellung einer abgelaufenen Frist möglich. Die korrekte Berechnung einer Frist kann – gerade über die Festtage – kompliziert sein; nur schon aus diesem Grund benötigen Sie rechtliche Beratung.

Im Rechtsmittelverfahren stellen sich meist komplexe Fragen prozessualer und sachlicher Art, denen Sie als Laie nicht gewachsen sind. Wer sich hier aufs Glatteis begibt, setzt sich bei kleinen Gewinnchancen einem hohen Verlust- und Kostenrisiko aus. Sie werden also nicht ohne anwaltliche Unterstützung auskommen. Allerdings kann es schwierig werden, in der kurzen, zehntägigen Rechtsmittelfrist eine Anwältin zu finden, die in der Lage ist, sich in den Fall einzuarbeiten und eine Berufungsschrift zu verfassen.

Deshalb: Wenn Sie den Eindruck haben, im Gerichtsverfahren sei etwas schiefgelaufen, sollten Sie sofort einen Anwalt kontaktieren. Warten Sie nicht, bis der Gerichtsentscheid im Briefkasten liegt.

Wann lohnt sich eine Berufung?

Für juristische Laien ist es sehr schwierig, die Erfolgsaussichten eines Rechtsmittels abzuschätzen. Es lassen sich auch kaum allgemeine Ratschläge geben. Am ehesten lohnt sich ein Weiterziehen, wenn dem Gericht ein offensichtlicher Fehler unterlaufen ist. Wird ein Lohnausweis falsch interpretiert, eine massive Erhöhung des Mietzinses, auf die Sie aufmerksam gemacht haben, nicht berücksichtigt oder trifft das Gericht krass falsche Annahmen über die Steuern, die Sie und Ihr Gatte, Ihre Frau bei der getrennten Besteuerung zu zahlen haben, dann besteht eine gute Chance, dass die obere Instanz korrigierend eingreift. Schwieriger ist es bei Ermessensfragen, also etwa beim Entscheid, ob, ab wann, in welchem Umfang und zu welchem Salär die Ehefrau wieder erwerbstätig sein muss.

Wenn sich binationale Paare trennen

Im Jahr 2017 haben in der Schweiz 40 599 Paare geheiratet. Bei etwas weniger als der Hälfte davon, nämlich bei 19 558 Paaren, waren beide Seiten schweizerische Staatsangehörige; bei den anderen handelte es sich um gemischte Ehen oder um solche zwischen Personen ausländischer Staatsangehörigkeit. Von den rund 15 900 Scheidungen im Jahr 2017 betrafen mehr als die Hälfte Ehen, in denen mindestens ein Gatte Ausländer war. Obwohl statistische Zahlen zu Trennungen fehlen, wird man davon ausgehen dürfen, dass die Verhältnisse ähnlich liegen.

Fälle mit internationalen Sachverhalten sind kompliziert. Neben dem innerstaatlichen Konfliktrecht müssen meist auch verschiedene Staatsverträge konsultiert werden. Dieser Ratgeber kann lediglich auf die wichtigsten Probleme hinweisen. Sofern Sie und/oder Ihr Partner, Ihre Partnerin eine ausländische Staatsbürgerschaft besitzen, sollten Sie unbedingt die Hilfe von spezialisierten Beratungsstellen und Anwälten in Anspruch nehmen (Adressen im Anhang).

Unterschiedlicher kultureller Hintergrund

Trennungen ausländischer Ehegatten müssen nicht a priori schwierig sein. Doch oft prallen gerade in ehelichen Krisensituationen unterschiedliche kulturelle und religiöse Prägungen in aller Härte aufeinander. Wer in einem gesellschaftlichen Umfeld aufgewachsen ist, in dem die Familie einen sehr hohen Stellenwert hat und eine Trennung oder

Scheidung als persönliches Versagen interpretiert wird oder gar zur sozialen Ausgrenzung führt, wird auf das Scheitern seiner Ehe ganz anders reagieren als das schweizerische Gegenüber. In Rechtsordnungen, die die Gleichberechtigung der Geschlechter im westlichen Sinn nicht kennen, können eine Trennung oder Scheidung und ihre Folgen fundamental anders geregelt sein als hierzulande. Das Recht der Verstossung, ganz andere, stark zugunsten des Vaters konzipierte Kriterien für die Kinderzuteilung sind nur die wichtigsten, aber beileibe nicht alle Normen, die im Trennungsfall für eine Schweizerin im Heimatstaat ihres Mannes zu eigentlichen Horrorszenarien führen können.

Versuchen Sie wenn immer möglich, gesicherte Informationen darüber zu erhalten, wie die Modalitäten der Trennung in Ihrem ausländischen Wohnsitzstaat und in der Schweiz geregelt würden. Diese Daten erlauben Ihnen eine erste Einschätzung, welche Rechtsordnung für Sie die günstigere ist. Von Eigenmächtigkeiten, wie etwa die Kinder ohne Zustimmung des anderen Elternteils ins Ausland oder in die Schweiz zu verbringen, ist abzuraten; die bestehenden internationalen Entführungsabkommen unterbinden solche Aktionen wirkungsvoll (siehe Seite 175). In krassen Fällen kann es jedoch erforderlich werden, heimlich und zusammen mit den Kindern in die Schweiz zurückzukehren, um hier das Notwendige vorzukehren. Es ist in solchen Situationen unverzichtbar, sich kompetent beraten zu lassen.

! **TIPP** *Auf internationales Familienrecht spezialisierte Anwältinnen und Anwälte, die Ihnen weiterhelfen können, finden Sie bei der International Academy of Family Lawyers (www.iafl.com).*

Schweizer oder ausländisches Gericht?

Das Gericht am schweizerischen Wohnsitz eines Ehegatten ist unter anderem zuständig für die Bewilligung des Getrenntlebens, für Unterhaltsfragen, die Anordnung der Gütertrennung und für Sicherungsmassnahmen, soweit diese Vermögenswerte in der Schweiz betreffen. Für die Kinderbelange – also für Obhut, Sorgerecht, persönlichen Verkehr und Kindesschutzmassnahmen – gelten spezielle Zuständigkeitsvorschriften (siehe Seite 175).

Entscheidend ist jeweils, in welchem Staat der erste prozessuale Schritt erfolgt: Gelangt beispielsweise der Ehemann zuerst an ein ausländisches Eheschutzgericht oder leitet er im Ausland ein Scheidungsverfahren ein, verliert das schweizerische Gericht die Zuständigkeit. Dies gilt indessen nur dann, wenn der ausländische Entscheid in der Schweiz anerkannt werden kann, was jeweils speziell abgeklärt werden muss. Es kommt deshalb oft darauf an, dass Sie schnell handeln, um sich den schweizerischen Gerichtsstand – und damit ein möglicherweise für Sie günstigeres Recht – zu erhalten.

! **INFO** *Gut zu wissen: Schweizer Bürgerinnen und Bürger, die im Ausland leben, können beim Gericht ihres schweizerischen Heimatorts Eheschutzmassnahmen erwirken, wenn es unmöglich oder unzumutbar ist, ein solches Begehren am ausländischen Wohnsitz zu erheben.*

Unterhaltsbeiträge

Spricht Ihnen ein schweizerisches Eheschutzgericht Unterhaltsbeiträge zu und lebt Ihr unterhaltspflichtiger Ehegatte im Ausland, nützt Ihnen ein schweizerischer Entscheid nur dann etwas, wenn er im Ausland vollstreckt werden kann. Dies ist vor allem im Bereich des sogenannten Lugano-Übereinkommens gewährleistet, dem mittlerweile die meisten europäischen Länder beigetreten sind.

GABRIELA P. ERWIRKT beim Eheschutzgericht der Stadt Bern eine Verfügung, worin ihr in Barcelona lebender Ehemann Juan G. zu monatlichen Unterhaltszahlungen verpflichtet wird. Durch einen spanischen Anwalt lässt sie diesen Entscheid am Wohnort des Ehemanns vollstrecken und kommt so zu ihrem Geld.

Aber auch wenn keine Aussicht auf Anerkennung des Urteils im Ausland besteht, kann ein schweizerischer Entscheid wichtig werden:

■ Sie möchten an Ihrem Wohnort die Bevorschussung der Kinderalimente beantragen (siehe Seite 188). Dazu benötigen Sie einen schweizerischen Entscheid.

■ Ihr Ehegatte lebt zwar im Ausland, hat aber Vermögen in der Schweiz, auf das zur Vollstreckung von Unterhaltsentscheiden gegriffen werden kann. Von grosser Bedeutung sind in diesem Zusammenhang Guthaben bei einer schweizerischen Pensionskasse. Sobald diese Guthaben zur Auszahlung fällig werden, kann das Gericht auf sie greifen und sie mit einem Arrest belegen oder der Pensionskasse ein Auszahlungsverbot auferlegen.

Vermögenswerte

Gehören zum ehelichen Vermögen Liegenschaften und andere Werte im Ausland und befürchten Sie, dass diese beiseitegeschafft werden, müssen Sie sich mithilfe eines ausländischen Anwalts an das Gericht am Ort der gelegenen Sache wenden. Sichernde Anordnungen eines schweizerischen Eheschutzgerichts sind in der Regel im Ausland nicht vollstreckbar – einmal ganz abgesehen davon, dass ein Anerkennungs- und Vollstreckungsverfahren im Ausland viel zu lange dauert und die Gefahr besteht, dass der andere Ehegatte über die Vermögenswerte längst verfügt hat.

Haben die Eheleute ihren Wohnsitz in verschiedenen Ländern, stellt sich also bei Konflikten regelmässig die Frage, ob Eheschutzmassnahmen in der Schweiz oder im Ausland zu ergreifen sind. Entscheidend ist dabei meist, ob das Urteil innert nützlicher Frist vollstreckt werden kann. Ob es dabei auf die Vollstreckung im Ausland oder in der Schweiz ankommt, hängt wiederum davon ab, wo sich die Vermögenswerte befinden, auf die gegriffen werden soll.

Die Kinder halten sich im Ausland auf

Halten sich die Kinder in der Schweiz auf, regelt das hiesige Gericht die Obhut und entscheidet über den persönlichen Verkehr. Wohnen die Kinder jedoch im Ausland oder wird ihr Wohnsitz während des Verfahrens in ein anderes Land verlegt, sind zwei Szenarien möglich:

Ist der Aufenthaltsstaat – wie die Schweiz – eine **Vertragspartei des Haager Kindesschutzübereinkommens** (HKsÜ) vom 19. Oktober 1996, verliert das schweizerische Gericht seine Zuständigkeit. Stattdessen sollen die ausländischen Behörden am neuen Wohnsitz der Kinder tätig werden, weil sie die aktuellen Lebensumstände besser kennen und vor allem auch schneller und wirksamer handeln können. Dem Kindesschutzabkommen gehören die Länder der EU, Australien, die USA und andere an.

Befindet sich das Kind in einem **Land, das dem Haager Übereinkommen nicht angehört,** ergeben sich heikle Zuständigkeitsfragen: Fest steht, dass in einem Scheidungsverfahren die Schweizer Gerichte nach dem Grundsatz der «Einheit des Scheidungsurteils» auch für die Regelung des Sorgerechts und der Betreuung zuständig sind. Fraglich ist aber, ob ein Eheschutzgericht über die Obhut und die Betreuung von Kindern, die sich im Ausland aufhalten, entscheiden darf. Seine Funktion ist eine ähnliche wie diejenige des Massnahmenrichters im Scheidungsverfahren, und dieser hat nach bundesgerichtlicher Rechtsprechung diese Kompetenz nicht. Anders kann sich die Situation darstellen, wenn die Kinder erst während des Verfahrens ihren Wohnsitz ändern: Dann lässt sich der Fall möglicherweise unter Hinweis auf den Grundsatz der «weiterbestehenden Gerichtszuständigkeit» (perpetuatio fori) weiterhin beim schweizerischen Gericht behalten.

◈ HANK C., STAATSANGEHÖRIGER VON SÜDAFRIKA, ist mit Julia C. verheiratet und reicht, nachdem die beiden vier Jahre in der Schweiz gelebt haben, hier ein Eheschutzbegehren ein. Während des Verfahrens zieht Frau C. mit der zweijährigen Tochter Sonja nach Frankfurt, wo ihre Familie lebt. Der Vater ist mit diesem Umzug, durch den sein Sorgerecht verletzt wird, nicht einverstanden. Gestützt auf das Haager «Übereinkommen über die zivilrechtlichen Aspekte internationaler Kindesentführung» erreicht er, dass die Mutter Sonja in die Schweiz zurückbringen muss, wo das Eheschutzgericht über das Sorgerecht und die Betreuung entscheidet.

Bevor nicht ein Gericht entschieden hat, welcher Elternteil während der Trennungszeit die Obhut über die Kinder haben wird, darf kein Elternteil ein Kind ohne Zustimmung des anderen oder ohne Genehmigung des zuständigen Gerichts ins Ausland bringen. Wer sich darüber hinwegsetzt, riskiert, dass gestützt auf das Haager Kindesentführungsübereinkommen oder das Europäische Kindesentführungsübereinkommen eine Rückführung angeordnet wird. Die Behörden der involvierten Staaten arbeiten in solchen Fällen eng zusammen und setzen die Abkommen schnell und rigoros durch. Wenn Frau C. im obigen Beispiel den Richter in Frankfurt um einen Sorgerechtsentscheid zu ihren Gunsten ersucht, darf dieser darauf nicht eintreten; die Bestimmungen der Entführungsübereinkommen gehen vor.

Ziel dieser Abkommen ist es, sicherzustellen, dass die Gerichte in dem Land, in dem das Kind bisher gelebt hat, über seine Zukunft entscheiden. Mit einer Rückverbringung ist also noch nicht entschieden, bei wem das Kind leben wird. Fest steht nur, dass der Entscheid vom schweizerischen Gericht gefällt wird, das sich dabei am Kindeswohl orientiert (Zuteilungskriterien siehe Seite 54 und 56).

Eigenmächtigkeiten bei Fragen, die die Kinder betreffen, zahlen sich also nicht aus. Für die Kinder aber bedeuten sie ein unnötiges Hin und Her und damit eine erhebliche Gefährdung des Kindeswohls. Ein Elternteil, der dies provoziert, riskiert, beim späteren Zuteilungsentscheid den Kürzeren zu ziehen.

NACHDEM HANK C. DAS EHESCHUTZGERICHT angerufen hat, beantragt seine Frau, es sei ihr die Obhut für Sonja zuzusprechen. Die Spannungen unter den Eltern seien so stark, dass ein Zusammenwirken im Interesse der Tochter nicht mehr möglich sei. Nach eingehenden Abklärungen wird dieser Antrag gutgeheissen, insbesondere auch, weil die Mutter sich schon bisher hauptsächlich um die Tochter gekümmert hat. Zudem stellt Julia C. den Antrag, es sei Sonja zu erlauben, den Aufenthalt nach Deutschland zu verlegen. Das Gericht heisst den Antrag gut; der Vater erhält grosszügig bemessene persönliche Kontakte zugesprochen, und die Mutter muss sich an seinen Reisekosten beteiligen.

Was gilt für das Aufenthaltsrecht in der Schweiz?

Wenn ein Schweizer eine Ausländerin heiratet – oder eine Schweizerin einen Ausländer –, erhält diese zwar eine Aufenthaltsbewilligung, nicht jedoch den Schweizer Pass. Was gilt nun, wenn sich ein binationales Paar trennt? Darf der ausländische Partner, die ausländische Partnerin weiter in der Schweiz bleiben? Und wie ist es mit dem Aufenthaltsrecht getrennter Paare, bei denen beide Seiten keinen Schweizer Pass haben?

Generell lässt sich sagen, dass die Auswirkungen einer Trennung weniger einschneidend sind als die einer Scheidung. Ob ein ausländischer Ehegatte nach der Trennung in der Schweiz bleiben kann, hängt von seinem Status ab:

- Keine Probleme haben Ausländerinnen und Ausländer, die über eine **Niederlassungsbewilligung** (Ausweis C) verfügen. Sie können nach einer Trennung – und auch nach einer Scheidung – in der Schweiz bleiben. Eine solche Niederlassungsbewilligung erhalten Ehepartner von Schweizerinnen sowie von in der Schweiz niedergelassenen Ausländern nach fünf Jahren des Zusammenlebens.

- Viele Staatsangehörige von **EU- und EFTA-Ländern** haben ein eigenes Aufenthaltsrecht in der Schweiz, zum Beispiel weil sie hier erwerbstätig sind. Aber auch wenn sie nur den Ausweis B «zum Verbleib beim Ehegatten» besitzen, hat eine Trennung keinen Einfluss auf das Aufenthaltsrecht. Und sollte es zur Scheidung kommen, können die meisten EU- und EFTA-Bürger in der Schweiz bleiben – etwa wenn sie dann eine Arbeitsstelle antreten.

- Anders ist die Situation für Ehepartnerinnen und Ehepartner aus **Staaten ausserhalb der EU und EFTA** mit Ausweis B. Sie verlieren bei einer Trennung – wie auch bei der Scheidung – das Aufenthaltsrecht in der Schweiz. Hat die Ehe mindestens drei Jahre gedauert und sind sie gut integriert, haben sie Anspruch auf eine Verlängerung der Aufenthaltsbewilligung. Unabhängig von der Dauer der Ehe können die Behörden zudem die Aufenthaltsbewilligung verlängern, wenn wichtige persönliche Gründe – zum Beispiel gemeinsame Kinder oder Gewalt in der Ehe – einen weiteren Aufenthalt in der Schweiz rechtfertigen.

INFO *Lebt ein Ehepaar aus beruflichen Gründen in getrennten Wohnungen oder trennen sich Partner und Partnerin im Sinn einer Besinnungspause nur vorübergehend, hat dies keinen Einfluss auf die Aufenthaltsbewilligung.*

Achtung Scheinehe

Alles bisher Gesagte zum Aufenthaltsrecht gilt nicht, wenn die Behörden einem Paar eine Scheinehe oder rechtsmissbräuchliches Verhalten nachweisen können. Eine Scheinehe liegt dann vor, wenn das Paar nicht geheiratet hat, um eine Lebensgemeinschaft zu begründen, sondern lediglich, um die Bestimmungen über die Zulassung und den Aufenthalt von Ausländern und Ausländerinnen zu umgehen. Als Rechtsmissbrauch gilt es, wenn eine gescheiterte Ehe nur deshalb nicht geschieden wird, weil der ausländische Gatte seine Aufenthaltsbewilligung nicht verlieren soll. Können die Behörden eine Scheinehe oder einen Rechtsmissbrauch nachweisen, wird die Aufenthaltsbewilligung des ausländischen Ehegatten nicht mehr verlängert und er muss die Schweiz verlassen.

6

Nach der Trennung

Probleme mit den Finanzen

**Mit finanziellen Schwierigkeiten haben viele Getrenntlebende
zu kämpfen. Vor allem Mütter – oder Väter –, die mit den
Kindern zusammenwohnen, können in einen Engpass geraten.**

Sind nicht genügend Mittel vorhanden, um beide Haushalte zu finanzieren, gibt es eine Reihe von öffentlichen Unterstützungsangeboten.
Möglicherweise können auch Leistungen der Arbeitslosenversicherung beansprucht werden. Zahlt der Ehemann die vereinbarten Unterhaltsbeiträge nicht, helfen staatliche Inkassostellen der Mutter, die
geschuldeten Summen einzutreiben.

Anspruch auf Arbeitslosentaggeld?

Wer in der Schweiz als Arbeitnehmerin oder Arbeitnehmer sein Einkommen verdient, ist gegen Arbeitslosigkeit versichert. Normalerwei-
se muss man, um Taggeld beziehen zu können, in den vorangegangenen zwei Jahren wenigstens zwölf Monate lang erwerbstätig gewesen
sein und Beiträge bezahlt haben. Einzelne Personengruppen sind jedoch von dieser Beitragspflicht befreit, wenn sie wegen einer finanziellen Notlage gezwungen sind, eine Erwerbstätigkeit aufzunehmen,
aber keine Stelle finden.

Zu dieser Gruppe gehören auch Hausfrauen und Hausmänner, die
wegen Trennung, Scheidung oder «ähnlichen Ereignissen» neu ins
Erwerbsleben treten müssen. Sie haben Anspruch auf Arbeitslosentaggeld, und zwar auf maximal 90 Taggelder. Die Arbeitslosenversicherung rechnet nicht mit Kalendertagen, sondern mit Arbeitstagen, sodass dies gut vier Monaten entspricht.

INFO *Diesen Sonderanspruch auf Arbeitslosentaggelder haben Sie nur, wenn Sie sich wirklich in einer Notlage befinden. Zudem müssen Sie ihn möglichst schnell geltend machen: Leben Sie getrennt, darf die Aufhebung des gemeinsamen Haushalts nicht länger als ein Jahr zurückliegen.*

Wie komme ich zu Arbeitslosengeld?

Eine wichtige Voraussetzung dafür, dass Sie Arbeitslosenunterstützung erhalten, ist Ihre **Vermittelbarkeit.** Verlangt wird, dass Sie gesundheitlich und persönlich in der Lage sind, mindestens 20 Prozent zu arbeiten, und dass Sie auch bereit sind, eine zumutbare Stelle anzunehmen. In der Regel werden die Familienverhältnisse – Kinder, die betreut werden müssen, Nähe von Wohnort und Arbeitsplatz, Arbeitszeiten – berücksichtigt, wenn über die Zumutbarkeit einer Arbeit für eine getrennt lebende Frau entschieden wird.

Wenden Sie sich möglichst früh an das Regionale Arbeitsvermittlungszentrum (RAV) in Ihrer Gegend, am besten schon, wenn sich die Trennung abzeichnet (Adressen unter www.arbeit.swiss → Adressen). Die Beraterinnen und Berater des RAV können Sie in allen Fragen der beruflichen Wiedereingliederung unterstützen. Unter Umständen erhalten Sie von der Arbeitslosenversicherung auch Kurse bezahlt, zum Beispiel einen Sprachkurs, einen Fachkurs für angelerntes Büro- und Verkaufspersonal oder eine andere Weiterbildung, die Ihnen hilft, rasch eine Stelle zu finden.

 **BUCHTIPP**

Mehr zur Arbeitslosenversicherung und zur Stellensuche erfahren Sie in diesen Beobachter-Ratgebern: **Job weg. Wie weiter bei Kündigung und Arbeitslosigkeit?** und **Stellensuche mit Erfolg. So bewerben Sie sich heute richtig.** www.beobachter.ch/buchshop

Wer Arbeitslosenunterstützung bezieht, muss sich intensiv um eine Stelle bemühen. Lancieren Sie also möglichst viele Bewerbungen und bewahren Sie alle Unterlagen auf, damit Sie Ihre Bemühungen belegen können. Machen Sie sich auch Notizen von telefonischen Bewerbungen.

Sozialhilfe und Unterstützungsbeiträge

In einer finanziellen Notlage können Sie sich auch ans Sozialamt wenden. Von Gesetzes wegen müssten eigentlich vor allem die Verwandten Mittellose unterstützen: in erster Linie die (erwachsenen) Kinder, in zweiter Linie die Eltern, dann die Grosseltern. Nun wäre natürlich einer finanziell bedrängten Mutter nicht geholfen, wenn sie zuerst gegen ihre Verwandtschaft prozessieren müsste. Wer eine gewisse Einkommensgrenze nicht erreicht, kann sich gleich ans Sozialamt wenden und Unterstützung beantragen.

Die Behörde, die Sozialhilfe zahlt, kann jedoch auf leistungsfähige Verwandte zurückgreifen. Die **Verwandtenunterstützungspflicht** besteht zwischen Verwandten in gerader Linie – also Eltern, Grosseltern, Urgrosseltern oder Kinder, Enkel, Urgrosskinder –, vorausgesetzt, sie leben in «günstigen Verhältnissen». Gemäss den Richtlinien der Schweizerischen Konferenz für Sozialhilfe (Skos) sind dies Verwandte, deren Jahreseinkommen 120 000 Franken übersteigt (Alleinstehende). Bei Verheirateten liegt die Grenze bei 180 000 Franken; pro Kind, das noch in der Ausbildung steht, gibt es einen Zuschlag von 20 000 Franken. Haben Alleinstehende ein Vermögen von über 250 000 Franken (Verheiratete: 500 000 Franken, Zuschlag pro Kind: 40 000 Franken), wird ihnen auch ein Vermögensverzehr zugemutet.

◆ **DAS EHEPAAR J. IST GETRENNT.** Nico J. lebt inzwischen im Tessin. Er ist seit langer Zeit arbeitslos und erhält kein Taggeld mehr. Den Unterhaltsbeitrag von 200 Franken für seinen Sohn Florian kann er nicht bezahlen, sodass sich Frau J. den Betrag von der Gemeinde bevorschussen lässt (siehe Seite 188). Doch das allein reicht nicht weit. Weil sie für den sechs Monate alten Sohn in ihrer näheren Umgebung keine Betreuung findet, kann Frau J. keine Stelle annehmen. Mit Nachhilfestunden verdient sie etwas dazu. Den Rest des Existenzminimums erhält sie vom Sozialamt, doch

dieses zieht auch die Eltern von Herrn J. heran, die in guten Verhältnissen leben. Sie müssen für ihren Enkel monatlich 400 Franken
bezahlen.

Die Sozialhilfe soll das Existenzminimum sicherstellen. Ziel ist es aber,
dass Sozialhilfebezüger möglichst rasch wieder selber für sich aufkommen können. Deshalb verlangen die Sozialhilfebehörden von einer
Mutter, dass sie wieder einer Erwerbsarbeit nachgeht, wenn ihr jüngstes Kind einjährig ist.

Die Skos hat Richtlinien für die Bemessung der Sozialhilfebeiträge
ausgearbeitet. Diese Zahlen liegen etwas unter dem familienrechtlichen Grundbedarf (siehe Seite 100). Erreichen das Einkommen und
die Alimente einer getrennt lebenden Frau – oder eines Mannes – diese Richtsätze nicht, erhält sie den fehlenden Betrag vom Sozialamt.
Die meisten Kantone fordern das Geld aber wieder zurück, wenn die
Frau später mehr als das Lebensnotwendige verdient. Auch wenn sie
durch eine Erbschaft oder einen Lotteriegewinn zu Vermögen kommt,
muss sie die Sozialhilfebeiträge zurückerstatten.

 ACHTUNG *Kleinkredite sind in einer finanziellen Notlage
nicht zu empfehlen; sie verschieben bloss den Schuldenberg.
Da die Banken bis zu zehn Prozent Zinsen verlangen, verursachen sie nur neue Kosten.*

So kommen Sie zu Sozialhilfe

Sozialhilfe beantragen Sie beim Sozialamt Ihrer
Wohngemeinde. Ein Anruf bei der Gemeindeverwaltung genügt, um mit der richtigen Stelle verbunden zu
werden. Um Unterstützung zu erhalten, brauchen Sie
einen Entscheid des Eheschutzgerichts oder eine gerichtlich genehmigte Trennungsvereinbarung (siehe
Seite 148). Nehmen Sie zudem eine Kopie der letzten

 BUCHTIPP

Mehr Informationen und viele
hilfreiche Tipps erhalten Sie in
diesem Beobachter-Ratgeber:
**Wenn das Geld nicht reicht. So
funktionieren die Sozialversicherungen und die Sozialhilfe.**
www.beobachter.ch/buchshop

Steuererklärung und weitere Belege über Einkünfte, Vermögen und Lebenshaltungskosten (Mietvertrag, Krankenkassenpolicen etc.) zur Besprechung mit.

Lassen Sie sich, falls Ihr Antrag abgelehnt wird, nicht mit einem mündlichen Bescheid abspeisen. Verlangen Sie einen schriftlichen Entscheid mit Rechtsmittelbelehrung. Darin ist festgehalten, innert welcher Frist und wo Sie Beschwerde einreichen können. Wenn Sie dies in Betracht ziehen, sollten Sie sich von einer Rechtsberatungsstelle beraten lassen (Adressen im Anhang).

Kleinkinderbetreuungs- und Mutterschaftsbeiträge

Es ist erwiesen, dass eine tragfähige Eltern-Kind-Beziehung für die Entwicklung des Kindes sehr wichtig ist. Aus dieser Einsicht heraus kennt eine Reihe von Kantonen finanzielle Beiträge für die Kinderbetreuung. Anspruchsberechtigt sind alleinerziehende, ledige, verwitwete, gerichtlich getrennte oder geschiedene Eltern, die sich persönlich der Pflege und Erziehung ihrer Kinder widmen wollen, dazu aber aus

---

PRÄMIENVERBILLIGUNG BEI DER KRANKENKASSE

Wer in bescheidenen finanziellen Verhältnissen lebt, hat Anspruch darauf, dass der Staat einen Teil der Krankenkassenprämie für die Grundversicherung übernimmt. Das Geld wird meist an die Krankenkasse überwiesen, die es dann von den Prämien abzieht.

Ob Sie die Prämienverbilligung in Anspruch nehmen können, hängt von Ihrem Einkommen, Ihrem Vermögen und von der Kinderzahl ab. Die Kantone kennen unterschiedliche Regelungen. In einigen wird anhand der Steuererklärung ermittelt, ob Sie eine Prämienverbilligung zugut haben, und Sie werden darüber informiert. In anderen Kantonen müssen Sie selber einen Antrag stellen. Am besten werden Sie selber aktiv und informieren sich beim Sozialamt.

---

wirtschaftlichen Gründen nicht in der Lage sind. Mit Unterstützungszahlungen werden sie während der ersten Lebensjahre ihrer Kinder teilweise vom Erwerbsleben freigestellt.

Die Höhe der Beiträge, die Bedingungen und die Dauer der Bezugsberechtigung variieren von Kanton zu Kanton; Auskunft erhalten Sie beim Sozialamt an Ihrem Wohnort oder bei den kantonalen Sozialdiensten.

Wenn die Alimente nicht bezahlt werden

Was kann eine Mutter mit kleinen Kindern tun, wenn der Vater die Unterhaltsbeiträge immer nur mit grosser Verspätung oder überhaupt nicht bezahlt? Das Gesetz stellt eine ganze Palette von Möglichkeiten zur Verfügung, die den Familienunterhalt sichern sollen.

TIPP *Um die verschiedenen Hilfestellungen in Anspruch nehmen zu können, brauchen Sie eine rechtskräftige Eheschutzverfügung. Eine private, ohne Mitwirkung des Gerichts abgeschlossene Unterhaltsvereinbarung genügt nicht. Sie können aber Ihre private Vereinbarung nachträglich gerichtlich genehmigen lassen (siehe Seite 148). Die sogenannte Rechtskraftbescheinigung (Vollstreckbarkeitsbescheinigung) liefert den Beweis, dass Ihre Unterhaltsverfügung tatsächlich rechtskräftig ist und nicht etwa noch ein Rechtsmittelverfahren läuft. Diese Bescheinigung erhalten Sie beim Gericht, das seinerzeit den Entscheid gefällt hat.*

Betreibung für ausstehende Unterhaltsbeiträge
Sobald das Urteil des Eheschutzgerichts rechtskräftig geworden ist, können Sie ausstehende Alimente auf dem Betreibungsweg eintreiben. Zuständig ist das Betreibungsamt am Wohnsitz des Schuldners. Erhebt Ihr Ehegatte Rechtsvorschlag, wird ihm dies wenig helfen, weil es sich beim Urteil um einen definitiven Rechtsöffnungstitel handelt. Einwendungen

gegen die Betreibung hätten nur dann Aussicht auf Erfolg, wenn er mit Urkunden beweisen könnte, dass er die Forderung bereits beglichen hat, dass sie ihm gestundet wurde oder dass sie verjährt ist.

TIPP *Weniger Aussicht auf Erfolg hat eine Betreibung, wenn Ihre Unterhaltsforderung auf einer aussergerichtlichen Vereinbarung beruht. Eine private Trennungsvereinbarung ist deshalb nur dann empfehlenswert, wenn Sie davon ausgehen können, dass Ihr Partner, Ihre Partnerin sie einhalten wird.*

Inkassohilfe und Alimentenbevorschussung

Wenn Sie sich praktisch jeden Monat mit ausstehenden Alimentenzahlungen konfrontiert sehen, wird der Weg über Betreibungen zu beschwerlich. Dann müssen Sie anders vorgehen.

Nehmen Sie die staatliche Inkassohilfe in Anspruch. Dabei hilft Ihnen die Kindes- und Erwachsenenschutzbehörde (Kesb), das Jugendsekretariat oder eine andere kommunale Stelle an Ihrem Wohnsitz, ausstehende Unterhaltsbeiträge einzutreiben. Die Kantone sind gesetzlich verpflichtet, bei der Vollstreckung von Kinderunterhaltsbeiträgen zu helfen – und zwar unentgeltlich. Bei der Inkassohilfe für Ehegattenunterhalt dagegen wird eine Gebühr erhoben.

Erfahrungsgemäss ist die Inkassohilfe recht erfolgreich. Während die Mutter endlos mit ihrem getrennt lebenden Mann herumstreiten muss, macht die Behörde nicht viel Federlesens. Spezialisierte Sachbearbeiterinnen berechnen ausstehende Unterhaltsbeiträge, schreiben Mahnungen, leiten Betreibungen ein und erstatten gegen ganz hartnäckige Schuldner Strafanzeige wegen Vernachlässigung von Unterstützungspflichten. Der Respekt vor amtlichen Stellen bringt säumige Zahler oft zur Einsicht, falls bei ihnen überhaupt noch Geld zu holen ist.

Es kann eine ganze Weile dauern, bis das Alimenteninkasso zum Erfolg führt. In allen Kantonen besteht deshalb die Möglichkeit, sich zumindest die Kinderalimente bevorschussen zu lassen und so das nötigste Geld vom Staat zu erhalten. Die Höhe der bevorschussten Beträge schwankt allerdings erheblich. Eine Bevorschussung wird zudem nur gewährt, wenn Sie gewisse Einkommens- und Vermögensgrenzen nicht überschreiten. Auch werden die Unterhaltsbeiträge nur bis zu einer bestimmten Höhe und oft nur während einer begrenzten Dauer vorgeschossen.

HILDE W. WOHNT MIT IHREN ZWEI KINDERN in der Stadt Zug. Sie stellt bei der Frauenzentrale Zug einen Antrag auf Bevorschussung der Kinderalimente. Da ihr jährliches Einkommen unter 50 530 Franken liegt und sie auch über kein Vermögen verfügt, erhält sie pro Kind und Monat 1267 Franken (Stand 2018). In den meisten anderen Kantonen sind die Beträge deutlich tiefer.

Viele scheuen sich, eine Alimentenbevorschussung zu verlangen, weil sie befürchten, sie müssten das Geld irgendwann wieder zurückzahlen. Diese Bedenken sind unbegründet: Auch wenn der Staat die be-

---

UNTERLAGEN, DIE SIE FÜR ALIMENTENINKASSO UND BEVORSCHUSSUNG BENÖTIGEN

- Personalien der unterhaltsberechtigten Personen (ID oder Pass, Schriftenempfangsschein oder Ausländerausweis)
- Personalien, Adresse und Angaben zur unterhaltspflichtigen Person
- Richterlicher Entscheid mit Rechtskraftbescheinigung oder ein von der Kindes- und Erwachsenenschutzbehörde genehmigter Unterhaltsvertrag
- Letzte Steuerveranlagung und Steuererklärung
- Lohnausweise
- Aufstellung über rückständige Unterhaltsbeiträge
- Aktueller Vermögensnachweis
- Ausbildungsbestätigung der Kinder

vorschusste Summe vom säumigen Zahler nur zum Teil oder gar nicht zurückholen kann, wird die Ehefrau für den Ausfall nicht belangt. Ihren Unterhaltsanspruch aber muss sie an die Behörde abtreten; sie kann also nicht mehr parallel eigene Betreibungen einleiten.

TIPP *Verlangen Sie sofort eine Bevorschussung, wenn es mit der Zahlung der Kinderalimente Schwierigkeiten gibt. Massgebend für den Beginn der Bevorschussung ist der Anmeldetermin. Die Adresse der zuständigen Stelle erfahren Sie beim Sozialdienst Ihrer Gemeinde. Müssen Unterhaltsbeiträge im Ausland eingetrieben werden, können Sie sich an den Internationalen Sozialdienst der Schweiz (SSI) wenden (www.ssiss.ch).*

Die Anweisung an die Schuldner
Sowohl für die Kinder- wie auch für die Ehegattenalimente gibt es eine sehr effiziente Möglichkeit, zum Geld zu kommen: die Abschöpfung von Guthaben bei den Schuldnern des oder der Unterhaltsverpflichteten.

PETER V. HAT DIE UNTERHALTSBEITRÄGE für seine Frau Nadja und den 13-jährigen Sohn bisher stets mit grosser Verspätung überwiesen; seit zwei Monaten sind die Zahlungen ganz ausgeblieben. Auf eine Betreibung reagiert er mit Rechtsvorschlag. Zwar hat er damit keine Chance, doch dauert es noch länger, bis Frau V. zu ihrem Geld kommt. Auf ihren Antrag erlässt das Eheschutzgericht eine Anweisung an den Schuldner und verpflichtet den Arbeitgeber des Ehemanns, die Unterhaltsbeiträge von 4500 Franken von seinem Lohn abzuziehen und direkt Frau V. zu zahlen. Die Anweisung erfolgt «unter der Androhung doppelter Zahlungspflicht im Unterlassungsfall» – das bedeutet, dass die Firma auch dann an Frau V. zahlen muss, wenn sie irrtümlicherweise den ganzen Lohn ihrem Mann überweist.

Auch für eine solche Anweisung benötigen Sie eine gerichtliche Unterhaltsregelung; zuständig sind die Eheschutzgerichte am Wohnsitz des Mannes oder der Frau. Bezieht Ihr unterhaltsverpflichteter Ehegatte eine AHV- oder IV-Rente, können Sie ebenfalls auf diesem Weg veranlassen, dass davon die Unterhaltsbeiträge abgezogen und direkt an Sie ausgezahlt werden. Bei den AHV- oder IV-Stellen können Sie zudem beantragen, dass Kinderrenten nicht mehr Ihrem pflichtvergessenen Ehegatten, sondern direkt Ihnen überwiesen werden, denn Sie sind ja auf diese Leistungen angewiesen.

Sicherheitsleistung für Unterhaltsbeiträge
Befürchten Sie, dass Ihr Ehemann sein Vermögen verschleudert oder sich mit dem Geld ins Ausland absetzt? Wenn Sie stichhaltige Gründe für eine solche Annahme haben, können Sie beim Gericht eine Sicherheitsleistung für die Unterhaltsbeiträge an Sie und Ihre Kinder verlangen. Dasselbe gilt, wenn Ihr Ehemann seine Unterhaltspflicht beharrlich vernachlässigt. Aus dem sichergestellten Betrag wird dann auf gerichtliche Anweisung jeweils der Unterhaltsbeitrag an Sie überwiesen.

INFO *Zuständig für die Sicherung von Unterhaltszahlungen ist derselbe Richter, dieselbe Richterin wie für den Erlass von Eheschutzmassnahmen (siehe Anhang).*

Strafanzeige
Eine weitere Möglichkeit, zu ausbleibenden Unterhaltsbeiträgen zu kommen, bietet schliesslich Artikel 217 des Strafgesetzbuchs. Nach dieser Bestimmung wird mit Gefängnis bestraft, wer aus Arbeitsscheu oder Liederlichkeit seinen familienrechtlichen Unterstützungspflichten nicht nachkommt, obschon er oder sie über die erforderlichen Mittel verfügt. Die Untersuchungsbehörden werden tätig auf Antrag der unterhaltsberechtigten Seite oder der Behörde, die die Inkassohilfe und die Alimentenbevorschussung besorgt.

Eine solche Strafanzeige kann bei besonders renitenten Unterhalts-schuldnern oft das letzte Mittel sein, um zum Erfolg zu kommen: Unter dem Eindruck einer möglichen Verurteilung steigt die Bereit-schaft, offene Unterhaltsschulden zu begleichen – insbesondere dann, wenn ihnen in Aussicht gestellt wird, dass danach der Strafantrag zurückgezogen werde.

Alimente neu berechnen

Haben sich die Verhältnisse geändert – sei es, dass sich die Einkünfte erhöht oder reduziert haben, sei es, dass unvorhergesehene neue Aus-lagen hinzugekommen oder Kosten weggefallen sind –, muss neu gerechnet werden. Es sind zwei Konstellationen zu unterscheiden:

■ Beruht die Unterhaltsregelung auf einer aussergerichtlichen Verein-barung, kann diese jederzeit infrage gestellt und abgeändert werden: Nehmen Sie zusammen mit Ihrem Ehemann, Ihrer Ehefrau von Grund auf eine neue Berechnung vor. Gehen Sie nochmals alle ab Seite 86 beschriebenen Schritte durch. Haben Sie Ausgaben verges-sen, bestimmte Kosten unterschätzt? Oder haben sich einzelne Po-sitionen verändert? Es zahlt sich jetzt aus, wenn Sie die Grundlagen der ersten Unterhaltsberechnung festgehalten haben. Das erleichtert Ihnen die Neuberechnung. Können Sie sich nicht einigen, wird das Eheschutzgericht entscheiden müssen und eine völlig neue Berech-nung vornehmen, weil ihre aussergerichtliche Vereinbarung nun keine bindende Wirkung mehr hat (siehe Seite 146).

■ Beruht Ihre bisherige Unterhaltsregelung auf einem gerichtlichen Entscheid und können Sie sich mit Ihrem Ehemann, Ihrer Gattin nicht einigen, müssen Sie beim Eheschutzgericht ein Begehren auf Abänderung der Unterhaltsbeiträge stellen (zur Zuständigkeit siehe Seite 160). Das Gericht wird Ihrem Begehren allerdings nur ent-sprechen, wenn sich die seinerzeitigen Grundlagen erheblich, dauerhaft und in nicht vorhersehbarer Weise verändert haben. Eine erhebliche Veränderung liegt vor, wenn sich das Einkommen einer Seite um 20 bis 30 Prozent erhöht oder vermindert hat; in knappen Verhältnissen kann schon eine Veränderung um 10 bis 15 Prozent genügen. Abgeändert wird auch, wenn auf der einen oder anderen Seite erhebliche Kosten hinzugekommen sind.

An die Dauerhaftigkeit der Veränderung werden während einer Trennung weniger hohe Anforderungen gestellt als bei einer Abänderung der Unterhaltsregelung nach der Scheidung. Flexibilität ist umso eher angesagt, als – anders als nach einer Scheidung – Unterhaltsbeiträge nicht nur reduziert, sondern auch wieder erhöht werden können. Nicht berücksichtigt werden Veränderungen, die auf ein freiwilliges Handeln des zu Zahlungen verpflichteten Ehegatten zurückzuführen sind.

RUTH H. HAT ZUM ZEITPUNKT DER TRENNUNG 1500 Franken pro Monat verdient. Einige Monate später kann sie im Garagenbetrieb, dessen Administration sie betreut, ihr Pensum steigern und verdient jetzt 2500 Franken. Dies führt zu einer Reduktion der Unterhaltsbeiträge um 700 Franken.
ANKE, DIE TOCHTER VON EDITH UND FREDERICK N., hat nach der Trennung ihrer Eltern Probleme in der Schule. Damit sie den Übertritt in die Sekundarschule schafft, empfiehlt die Lehrerin gezielten Stütz- und Nachhilfeunterricht. Die Kosten betragen 500 Franken monatlich. Die Eltern vereinbaren, dass der Vater, solange Anke den Stützunterricht besucht, monatlich 300 Franken mehr an Alimenten überweist.
PAUL F. IST PRIMARLEHRER. Drei Monate nach der Trennung teilt er sich seine 100-Prozent-Stelle mit einer Arbeitskollegin und verlangt eine Herabsetzung der Unterhaltsbeiträge mit dem Argument, er verdiene jetzt nur noch die Hälfte. Die gesundheitlichen

Gründe, die Herr F. für die Reduktion seines Pensums angibt, überzeugen das Gericht nicht. Es rechnet ihm weiterhin das frühere Einkommen an und lehnt das Abänderungsbegehren ab.

Unterhalt und neue Partnerschaft

Sie haben einen neuen Partner, eine neue Freundin kennengelernt und möchten mit Ihrer neuen Liebe zusammenziehen? Eine solche Wohngemeinschaft kann zur Abänderung der bestehenden Unterhaltsregelung führen: Vom neuen Partner, von der Lebensgefährtin wird verlangt, dass er oder sie sich an den Wohnkosten beteiligt. Zudem sinken erfahrungsgemäss die Lebenshaltungskosten, wenn zwei erwachsene Personen zusammenleben. Das kann zur Folge haben, dass beispielsweise der Ehemann, der mit einer neuen Partnerin zusammenzieht, einen Teil der Einsparungen weitergeben und höhere Unterhaltsbeiträge für Ehefrau und Kinder bezahlen muss.

Häufiger ist jedoch die Situation, dass sich die in einer ausserehelichen Gemeinschaft lebende Ehefrau eine spürbare Kürzung ihrer Unterhaltsbeiträge gefallen lassen muss. Vollständig gestrichen werden die Alimente indessen nur in den seltenen Fällen eines klaren Rechtsmissbrauchs – beispielsweise wenn die Ehefrau die Ehe bloss einging, um eine Aufenthaltsbewilligung zu erhalten, und kurz nach der Heirat wieder zu ihrem früheren Lebenspartner zieht.

INFO *Keinen Einfluss hat eine neue Wohngemeinschaft der Mutter oder des Vaters auf die Kinderalimente. Diese sind weiterhin in voller Höhe geschuldet.*

Noch gravierender können die Konsequenzen bei einer späteren Scheidung sein, wenn eine Ehefrau – oder ein Ehemann –, die grundsätzlich Anspruch auf Unterhalt hätte, in einer gefestigten, nichtehelichen Lebensgemeinschaft lebt. Sie muss dann mit grosser Wahrscheinlichkeit damit rechnen, dass der nacheheliche Unterhaltsbeitrag gekürzt, für die weitere Dauer des Zusammenlebens sistiert oder – dies allerdings nur in seltenen Ausnahmefällen – gänzlich gestrichen wird.

Diese unerfreuliche Konsequenz tritt auch dann ein, wenn die neue Lebensgemeinschaft keine ausreichende wirtschaftliche Sicherheit bietet. Es kommt allein darauf an, dass die Beziehung eheähnlichen Charakter hat und dass sich die Partner gegenseitig beistehen, so gut es geht, und sich im Guten wie im Schlechten helfen.

! **TIPP** *Die finanziellen Konsequenzen einer neuen Wohngemeinschaft während der Trennungszeit können einschneidend sein. Überlegen Sie gut, was Sie dabei aufs Spiel setzen.*

Kinder zwischen zwei Haushalten

Mit der Trennung geht eine konfliktreiche Zeit zu Ende. Für die Kinder bedeutet dies oft erst einmal eine Erleichterung. Verlässliche Bezugspersonen – auch neben den Eltern – helfen ihnen, sich mit der neuen Situation einzurichten.

Die Organisation der Betreuung und des persönlichen Kontakts ist für alle Familienangehörigen eine anspruchsvolle Aufgabe. Auch kann es belastend sein, allein mit den Kindern zu leben und zusätzlich einer Erwerbsarbeit nachgehen zu müssen. Unterstützung, Informationen

und Kontakt zu anderen Betroffenen finden Sie beim Verband alleinerziehender Mütter und Väter (www.svamv.ch).

Kinder brauchen verlässliche Bezugspersonen

Das Kindeswohl bildet sich auf der Basis von Bindungen. Bindungen
zu nahen Bezugspersonen machen Beziehungen farbig und lebendig.
Bindungen vermitteln Zugehörigkeit und Sicherheit. Für Kinder, deren Eltern sich getrennt haben, sind deshalb Bindungen zu anderen
wichtigen Bezugspersonen besonders wichtig, sie sollten intensiv gepflegt werden. Oft sind die Eltern absorbiert von den eigenen Verän-
derungsprozessen, sind selbst in hohem Ausmass belastet – da kann
Unterstützung von aussen den Kindern helfen. Etwa der Grossvater,
der seinen Enkel zum Fussballspiel begleitet; die Patin, die ihr Paten-
kind vermehrt übers Wochenende zu Ausflügen einlädt; ein Onkel
oder eine Freundin der Mutter, die zuhören, bei den Schulaufgaben
helfen. Suchen Sie als Eltern zusammen mit Ihrem Sohn, Ihrer Tochter
gute Bezugspersonen, die Sie um Unterstützung anfragen können.
Während der Trennungsphase gibt ein Netz von verlässlichen Bezugspersonen Kindern und Jugendlichen Halt und Sicherheit.

CARLA UND FABIAN sind acht und elf Jahre alt. Seit ein
paar Monaten leben sie allein mit der Mutter. Diese muss neu
70 Prozent arbeiten und ist weniger zu Hause. Am schulfreien
Mittwochnachmittag kommt aber regelmässig die Gotte von Carla.
Zuerst werden die Schulaufgaben erledigt, dann gehts ins Schwimm-
bad, auf eine Velotour oder es gibt einen Spielnachmittag zu Hause.
Fabian ist zu allen Aktivitäten eingeladen. Oft trifft er sich aber
lieber mit seinen Freunden auf dem Sportplatz. Um 18 Uhr kommt
die Mutter von der Arbeit. Zu viert wird das Abendessen eingenom-
men und alle erzählen von den Erlebnissen des vergangenen Tages.

Was bedeuten Geschwister?

Vor allem wenn die Trennung von schweren Auseinandersetzungen begleitet war, entwickeln Geschwister oft eine besonders starke Bindung zueinander. Im Vorschul- und Primarschulalter unterstützen sie sich gegenseitig, trösten sich, teilen das Leid des Familienkrachs. Für Jugendliche steht dann die Ablösung von der Familie als Entwicklungsaufgabe an; Bruder und Schwester gehen je eigene Wege. Daher verlieren Geschwisterbeziehungen in dieser Zeit oft an Bedeutung.

Zwischen Geschwistern können während der Trennungsphase aber auch besonders ausgeprägte Rivalitäten auftreten. Die Mutter, die neu berufstätig sein muss, hat weniger Zeit, der Vater ist nur während der festgelegten Betreuungszeiten zu haben – da können heftige Kämpfe um die kostbare Aufmerksamkeit der Eltern ausbrechen.

Wie schon bei der Zuteilung der Obhut sollten Sie als Eltern auch während der Trennung die Bindungen der Geschwister mit in Ihre Entscheide einbeziehen. Schon Primarschulkinder können ihre Wünsche anbringen.

Einzelkinder in Einelternfamilien

Leben Einzelkinder nach der Trennung mit einem Elternteil zusammen, besteht die Gefahr, dass sie zum Partnerersatz werden. Allzu enge symbiotische Beziehungen zwischen Elternteil und Kind verunmöglichen dem Sohn, der Tochter ein eigenständiges Leben und erschweren die Ablösungsprozesse im Jugendalter. Für Einzelkinder aus Einelternfamilien ist es deshalb doppelt wichtig, Kontakte zu Gleichaltrigen und zu zusätzlichen erwachsenen Bezugspersonen zu pflegen. Neben den Kontakten in der Schule entstehen häufig Freundschaften im Sportklub, im Orchester, in der Pfadi oder in anderen Vereinen.

Wenn die Kinder den Kontakt abbrechen

Manchmal weigern sich die Kinder während der Trennungszeit, zum weggezogenen Elternteil zu gehen. Ein solcher Kontaktabbruch kann verschiedene Gründe haben:

- Zieht ein Elternteil nach der Trennung weg, kann das Kind sich verlassen fühlen. Nicht nur die Eltern haben sich getrennt, auch das Kind ist von der Mutter oder vom Vater allein zurückgelassen worden. Kinder können sich verraten und vergessen fühlen – und in einer unmittelbaren, heftigen Reaktion den Kontakt abbrechen.
- Werden nicht rasch Vereinbarungen zur Betreuung getroffen und sehen jüngere Kinder den weggezogenen Elternteil während der ersten Trennungsmonate kaum, kann eine Entfremdung entstehen. Das kann dazu führen, dass die Kinder das Interesse an dieser Bezugsperson verlieren, da sie nicht persönlich präsent ist.
- Werden Kinder während der Trennungszeit von den Eltern instrumentalisiert, müssen sie sich für Vater oder Mutter entscheiden, dann entsteht ein massiver Loyalitätskonflikt. Was bleibt dem Kind anderes übrig, als den Elternteil, der nicht ständig anwesend ist, auszublenden?

Kinder brauchen direkte, persönliche Kontakte, um sich ein realistisches Bild auch von dem Elternteil zu erhalten, der nicht mehr im selben Haushalt lebt. Es ist Ihre Aufgabe als Mutter oder Vater, Ihrem Sohn, Ihrer Tochter zu helfen, diesen Kontakt wieder aufzubauen. Sie können beispielsweise von schönen gemeinsamen Erlebnissen aus der Vergangenheit erzählen, alte Fotos vom Kind mit dem weggezogenen Elternteil hervorholen etc. Dies gilt vor allem für jüngere Kinder bis etwa zum zwölften Altersjahr. Jugendliche werden selber entscheiden, ob und wie sie ihre Beziehung zum weggezogenen Elternteil pflegen.

Wer ist bei Problemen zuständig?

Entstehen im Zusammenhang mit dem persönlichen Kontakt und/oder den Kinderalimenten Konflikte, die die Eltern nicht mehr selbst lösen können, gibt es verschiedene Stellen, an die man sich wenden kann. Artet der Konflikt aus, werden sich diese Stellen auch von sich aus einschalten.

■ Die Jugendsekretariate der Wohnsitzgemeinde, die Pro Juventute oder die Kindes- und Erwachsenenschutzbehörde werden auf Anfrage versuchen, die Eltern zu einem Gespräch zusammenzuführen, Konflikte zu entwirren und strittige Punkte zu bereinigen.

■ Entstehen Probleme mit der Betreuung und dem persönlichen Kontakt, kann die zuständige Behörde von sich aus die Eltern oder das Kind ermahnen und ihnen verbindliche Weisungen erteilen. Auf Antrag eines Elternteils kann sie die Regelung des persönlichen Kontakts auch abändern.

■ Erweist sich die Regelung der Betreuung oder des persönlichen Kontakts nicht mehr als sachgerecht und können sich die Eltern über eine Anpassung nicht einigen, ist für eine Änderung die Kindes- und Erwachsenenschutzbehörde am Wohnsitz eines Elternteils zuständig. Muss in einem solchen Fall neben der Betreuung auch der Kinder- und/oder Ehegattenunterhalt neu geregelt werden, entscheidet das Eheschutzgericht über alle strittigen Fragen. Im Abänderungsprozess werden auch die Kinder angehört und es wird wenn nötig ein Beistand ernannt, der ihre Interessen vertritt (siehe Seite 77).

INFO *Kinder, die urteilsfähig sind – was in der Regel ab dem vollendeten zwölften Altersjahr vermutet wird –, können selbst beim Gericht oder bei der zuständigen Behörde eine Abänderung der Obhutszuteilung oder der Regelung des persönlichen Kontakts verlangen.*

Häufiger Konfliktpunkt: der persönliche Kontakt

Die gemeinsame Betreuung und die Kontakte mit den Kindern verbindet getrennte Eltern weiterhin – oft gegen ihren Willen. Diese Zwangsbindung bietet unzählige Möglichkeiten, unbewältigte Ehe- und Trennungskonflikte auf Kosten der Kinder wieder aufleben zu lassen. Schon Kleinigkeiten wirken wie Nadelstiche: Die Aufenthalte beim Vater werden von der Mutter fast mit der Stoppuhr kontrolliert; der Vater bringt das Kind zu spät zurück oder «vergisst» einen Betreuungstag; despektierliche Bemerkungen über den anderen Elternteil vergiften die Atmosphäre; für das Wochenende in den Bergen werden die falschen Kleider mitgegeben; zufällig hat das Kind immer gerade vor einem Besuchstag Fieber...

Zum Wohl der Kinder wird von den Eltern eine grosse Bereitschaft zu flexibler Kooperation auch über eine vielleicht schwierige Trennung hinaus verlangt. Der Eheschutzentscheid enthält meist nur eine Minimalregelung. Stillschweigend wird von einer gewissen Grosszügigkeit des Elternteils ausgegangen, der die Kinder hauptsächlich betreut. Anderseits ist der Anspruch auf persönlichen Kontakt nicht nur ein Recht, sondern auch eine Verpflichtung: Das Kind ist auf persönliche, intensive Beziehungen zu Vater und Mutter angewiesen, und für den obhutsberechtigten Elternteil ist es wichtig, planen zu können.

Persönliche Kontakte, Betreuung und Unterhalt
Trennen Sie Alimentenprobleme strikt vom persönlichen Kontakt mit den Kindern! Als unterhaltspflichtiger Elternteil dürfen Sie die Unterhaltszahlungen nicht einstellen, wenn Ihnen der Kontakt mit dem Kind verweigert wird. Sie müssten jederzeit mit einer Betreibung rechnen. Wohnen die Kinder bei Ihnen, dürfen Sie sie nicht vom Wochenende mit dem Vater zurückhalten, wenn die Alimente einmal zu spät oder gar nicht eingetroffen sind.

Achtung, Übergabe!
Gerade bei der Übergabe der Kinder fürs Wochenende, für Feiertage und Ferien kommt es immer wieder zu Streit unter den Eltern. Achten Sie als Mutter, als Vater darauf, dass Sie bei diesen Anlässen lediglich Informationen über die Kinder austauschen. Zurechtweisungen, Beschimpfungen und Ihre eigenen Probleme sind fehl am Platz! Bemühen Sie sich auch, die Kinder rechtzeitig zu den vereinbarten Terminen zu übergeben. So liefern Sie keinen unnötigen Zündstoff für neue Auseinandersetzungen um Pünktlichkeit und Zuverlässigkeit.

Bleiben die Übergaben für Eltern und Kinder belastend, empfiehlt es sich, vorübergehend eine neutrale Drittperson beizuziehen. Nur schon ihre Anwesenheit kann helfen, Streit zu vermeiden.

Die Kontakte mit den Kindern werden torpediert
Wenn es wirklich hart auf hart geht, ist der Elternteil, der weggezogen ist, im Nachteil.

FIONA UND HERMANN T. haben sich im Eheschutzverfahren bis vor Obergericht über die Betreuung ihrer neunjährigen Tochter Mona gestritten. Auch als der rechtskräftige Richterspruch vorliegt, kehrt keine Ruhe ein. Einmal kann Mona wegen «Fieber» nicht zum Vater, am Wochenende darauf steht ein wichtiger Kindergeburtstag dem Besuch beim Vater im Weg und das nächste Mal teilt die Mutter per SMS mit, Mona nehme am Grümpelturnier ihrer Schule teil, weshalb sie nicht kommen werde…

Werden die Kontakte böswillig torpediert und auch ein Nachholen (siehe Seite 62) nicht gestattet, kann nur noch ein Richter weiterhelfen. Dieser wird dem obhutsberechtigten Elternteil befehlen, Kontakte gemäss Trennungsurteil zu gestatten, und für den Widerhandlungsfall eine Bestrafung mit Haft oder Busse androhen. Eine zwangsweise Durchsetzung – etwa dass Mitarbeiter des Jugendsekretariats ein Kind abholen und es dem berechtigten Elternteil übergeben –, wird allerdings nur in seltenen Ausnahmefällen angeordnet. Es kann also passieren, dass eine zu allem entschlossene Mutter den persönlichen Umgang des Vaters mit den Kindern letztlich verunmöglicht. Gegenüber Jugendlichen ab ca. 14 Jahren ist eine gerichtliche Durchsetzung der Besuche nicht mehr möglich; ältere Kinder können selbst entscheiden, ob Kontakte stattfinden sollen oder nicht.

Wann werden die Kontakte eingeschränkt?

Reagieren die Kinder auf den Aufenthalt beim weggezogenen Elternteil mit gesundheitlichen Störungen, psychischen Auffälligkeiten (etwa Angstvorstellungen) oder massiven Schulschwierigkeiten, können die Kontakte reduziert oder mit Auflagen versehen werden. Der Elternteil, der die Kinder bei sich hat, muss sich dafür an die Kindes- und Erwachsenenschutzbehörde wenden. Diese wird die Kinder anhören und wenn nötig weitere Abklärungen durch Ärzte, Psychologinnen oder Kinderpsychiater veranlassen.

Wollen Sie eine Abänderung der persönlichen Kontakte und/oder der Betreuungsregelung verlangen, müssen Sie sich allerdings über eins im Klaren sein: Sie werden nur dann Erfolg haben, wenn sich die Verhältnisse seit dem Trennungsentscheid wesentlich und dauernd verändert haben und wenn die neue Regelung zwingend durch das Kindeswohl gefordert wird. Die Kontakte mit dem anderen Elternteil können immer mal wieder zu gewissen Belastungen führen; für eine Änderung muss es sich also um massive Störungen handeln. Es geht jeweils allein darum, die beste Lösung für das Kind zu finden; alle anderen Gesichtspunkte sind völlig untergeordneter Natur. Mit der Behauptung: «Die Kinder wollen den Vater partout nicht mehr sehen», ist eine Abänderung nur in den seltensten Fällen zu erreichen. Vom Elternteil, der die Kinder mehrheitlich betreut, wird in einem solchen Fall in erster Linie gefordert, positiv auf sie einzuwirken und sie für Begegnungen mit dem anderen Elternteil zu motivieren.

Wenn ein Elternteil ins Ausland zieht

Eine neue Regelung kann auch nötig werden, wenn zum Beispiel der kontaktberechtigte Vater ins Ausland zieht. Sind die regelmässigen Betreuungszeiten nicht mehr möglich, werden andere Formen des Kontakts umso wichtiger für das Kind. Regelmässige Telefongespräche zu vereinbarten Zeitpunkten, E-Mails und Briefe erhalten die Beziehung lebendig. Auch das Ferienrecht wird jetzt wichtiger, damit das Kind am Leben seines Vaters in einer anderen Kultur teilhaben kann.

Will die Mutter mit den Kindern ins Ausland ziehen, kann sie dies nur tun, wenn der Vater zustimmt. Weigert sich der Vater, muss letztlich das Gericht entscheiden. Es wird sorgfältig abklären, wie sich der Umzug auf die schulische Situation und die familiären Bindungen auswirkt und welches die Motive des wegziehenden Elternteils sind.

Auch für einen Umzug innerhalb der Schweiz ist unter Umständen die Zustimmung des anderen Elternteils erforderlich, sofern dies Auswirkungen auf die persönlichen Kontakte hat. Lebte die Familie bisher zum Beispiel in St. Gallen und will die Mutter mit den Kindern nach Lausanne ziehen, wird dies ohne Zustimmung des Vaters nicht möglich sein. Ein solcher Wegzug macht meist eine Änderung der Betreuung erforderlich. Zudem kann der Vater verlangen, dass die Mutter die höheren Reisekosten übernimmt, die sie durch ihren Wegzug verursacht hat.

Wieder zusammenziehen

Getrennt lebende Ehegatten können – ohne jede gerichtliche Mitwirkung – den gemeinsamen Haushalt wieder aufnehmen und zum normalen Ehealltag zurückkehren.

Wichtig ist aber, dass Sie sich Rechenschaft darüber ablegen, welchen Charakter das Zusammenziehen hat: Sind beide Seiten vorbehaltlos bereit, wieder dauerhaft als Ehepaar zusammenzuleben? Oder geht es um einen Aussöhnungsversuch, soll also getestet werden, ob noch eine tragfähige Grundlage für ein Zusammenleben auf Dauer besteht? Je nachdem sind die Rechtsfolgen unterschiedlich.

Dauerhaft oder bloss ein Aussöhnungsversuch?

Bei einem dauerhaften Wiederzusammenkommen fallen die meisten Eheschutzmassnahmen, die ein Gericht allenfalls angeordnet hat, dahin (Ausnahmen siehe Kasten). Die zweijährige Trennungsfrist, nach der die Scheidung auch gegen den Willen der anderen Seite verlangt werden kann, wird unterbrochen.

ULRICH UND ANNEMARIE L. haben während der Trennungszeit etwas Abstand voneinander und von den täglichen Reibereien gefunden und wollen ihrer Ehe nochmals eine Chance geben. Nach einjähriger Trennung kehrt Herr L. in die eheliche Wohnung zurück. Zehn Monate später trennen sich die Eheleute erneut und streiten dabei heftig über die Unterhaltszahlungen. Herr und Frau L. müssen ein zweites Mal vor Eheschutzgericht gehen; die Anordnungen aus der Zeit des ersten Getrenntlebens gelten nicht mehr. Annemarie L., die nun ganz sicher ist, dass sie sich so schnell wie möglich scheiden lassen will, muss nochmals die ganze zweijährige Trennungszeit abwarten, bevor sie die Scheidungsklage einreichen kann.

Anders ist die rechtliche Situation, wenn es sich beim Zusammenziehen bloss um einen Versöhnungsversuch handelt und dieser nach kurzer Zeit scheitert. Dann gelten frühere Eheschutzmassnahmen auch für die zweite Trennung und die Trennungsfrist wird nicht unterbrochen.

CAROLE UND FRANZ B. haben nach fünf Monaten Trennung zusammen mit den Kindern gemeinsam Ferien verbracht. In dieser Zeit sind sie sich wieder nähergekommen und wollen nun – vorab im Interesse der Kinder – nochmals einen Versuch wagen. Bereits nach wenigen Wochen des Zusammenlebens müssen sie aber feststellen, dass die alten Konflikte unver-

---

DIESE EHESCHUTZRICHTERLICHEN MASSNAHMEN BLEIBEN BESTEHEN

- Hat das Eheschutzgericht Gütertrennung angeordnet, gilt diese nach dem Wiederzusammenziehen weiter. Die Eheleute müssen entweder die Aufhebung und Wiederherstellung des früheren Güterstands beim Gericht verlangen oder in einem Ehevertrag den früheren oder einen anderen Güterstand vereinbaren.
- Wenn das Gericht eine Anweisung an den Schuldner (siehe Seite 190) oder eine Vermögenssperre (siehe Seite 34) angeordnet hat, muss eine Aufhebung dieser Massnahmen beantragt werden.
- Kindesschutzmassnahmen – beispielsweise eine zum Schutz des Kindes angeordnete Beistandschaft – fallen ebenfalls nicht einfach weg; es braucht eine spezielle behördliche Verfügung.

---

mindert heftig aufgebrochen sind, und sie trennen sich erneut. Die früheren eheschutzrichterlichen Regelungen zur Obhut, zur Betreuung der Kinder und zum Unterhalt gelten weiter.

Die Abgrenzung zwischen einem kurzen Versöhnungsversuch und einer längeren Wiedervereinigung ist schwierig; worum es sich beim Zusammenziehen handelt, lässt sich nur anhand der konkreten Umstände entscheiden: Die Grenze dürfte bei zwei bis sechs Monaten – ganz ausnahmsweise bei mehr – anzusiedeln sein. Wichtig ist, von welchen Vorstellungen und Absichten die beiden Eheleute ausgegangen sind. Je länger die Trennung – und auch die Ehe – gedauert hat, desto eher wird ein Gericht auch eine längere Versuchsphase akzeptieren.

Bessere Chancen für den neuen Start

Das neue Zusammenleben kann manchmal an Kleinigkeiten scheitern. Nach ein paar Monaten fällt man in den alten Trott zurück, ärgert sich über dieselben Unarten des Gegenübers, benutzt in Auseinandersetzungen die gleichen verletzenden Wendungen oder scheitert an den alten Sachproblemen. Mit einer Reihe einfacher Massnahmen können Sie die Chancen für eine dauerhafte eheliche Beziehung auf neuer Basis verbessern.

- Bleiben Sie miteinander **im Gespräch**. Oft ist die Krise, die zur Trennung geführt hat, der Ausdruck eingeschlafener Kommunikation zwischen den Eheleuten. Nehmen Sie sich vor, gemeinsam etwas zu unternehmen, regelmässig zu zweit auswärts zu essen, ins Theater zu gehen oder einen Sport auszuüben – und halten Sie sich daran.
- Tauchen Krisensymptome auf, nehmen Sie **frühzeitig Hilfe** in Anspruch und wenden Sie sich an eine Paartherapeutin. Vielleicht

haben Sie ja bereits während der Trennungszeit eine gute Arbeitsbeziehung zu einer solchen aufgebaut.

- Klären Sie umfassend die **finanziellen Aspekte des ehelichen Zusammenlebens** und lassen Sie solche Fragen nicht zu einer erneuten Belastung werden. Erstellen Sie – allenfalls zusammen mit einer Budgetberatungsstelle – ein Haushaltsbudget und legen Sie die Beiträge fest, die Mann und Frau in natura (Haushaltsführung und Kinderbetreuung) oder in bar an den Unterhalt der Familie leisten sollen.

- Überprüfen Sie Ihre **güterrechtlichen Verhältnisse.** Besteht allenfalls die Notwendigkeit, strittige Fragen in einem Ehevertrag zu klären, etwa im Zusammenhang mit einem eigenen Geschäft oder mit Liegenschaften? Wenn Sie beide im eigenen Unternehmen tätig sind, sollten Sie zusammen eine Regelung erarbeiten, die Ihre Arbeitsbeziehung, die Rechtsform des Betriebs, die Entlöhnung, die Verlust- und Gewinnbeteiligung klärt.

- Überprüfen Sie Ihre **Versicherungs- und Vorsorgesituation.** Ehevertraglich kann etwa vereinbart werden, dass der gesamte, während der Ehe erzielte Vorschlag der überlebenden Seite zufällt. Solche und ähnliche Massnahmen sichern die Altersvorsorge beider Seiten und sind zugleich ein Ausdruck Ihres neuen Zusammengehörigkeitsgefühls.

Die Trennung mündet in die Scheidung

Nach zwei Jahren Trennung kann jeder Ehegatte die Scheidung verlangen – er hat einen absoluten Scheidungsanspruch. Das Gesetz geht davon aus, dass die Ehe nach dieser Trennungsfrist unheilbar zerrüttet und gescheitert ist, weshalb kein Widerstand gegen die Scheidung mehr möglich ist.

Auch wenn Sie die Scheidung nicht wollen: Spätestens zu diesem Zeitpunkt ist es sinnvoll, sich mit Ihrer Ehefrau, Ihrem Gatten auf ein gemeinsames Scheidungsbegehren zu verständigen. Das vereinfacht das Scheidungsverfahren. Ein gemeinsames Begehren können Sie auch einreichen, wenn Sie sich über die Regelung der Scheidungsfolgen – die Kinderbelange, den Unterhalt, die güterrechtliche Auseinandersetzung oder die Aufteilung der Pensionskassenguthaben – nicht einig sind. Dann entscheidet das Scheidungsgericht über die strittigen Fragen.

Lässt sich Ihr Ehemann, Ihre Frau nicht zu einem gemeinsamen Scheidungsbegehren bewegen, müssen Sie eine Scheidungsklage einreichen. Dafür werden Sie die Unterstützung eines Anwalts benötigen.

Am Status quo ändert sich durch das Scheidungsverfahren nichts: Der gemeinsame Haushalt bleibt weiter aufgehoben. Hat das Eheschutzgericht die Trennung geregelt, gelten diese Anordnungen auch für die Dauer des Scheidungsprozesses weiter. Sind Anpassungen notwendig, ist jetzt allerdings nicht mehr das Eheschutz-, sondern das Scheidungsgericht zuständig.

Haben Sie sich über das Getrenntleben aussergerichtlich geeinigt, dann hat diese Regelung – wie auf Seite 146 dargestellt – auch während des Scheidungsprozesses nur eine eingeschränkte Bindungswirkung. Hält sich eine Seite nicht mehr daran, bleibt nichts anderes übrig, als im Rahmen sogenannter vorsorglicher Massnahmen beim Scheidungsgericht die Kinderbelange, den Unterhalt während des Scheidungsprozesses und anderes zu regeln.

Die bisherigen Regelungen nehmen viel vorweg

Meist gelten die Anordnungen des Eheschutzgerichts während des Scheidungsverfahrens weiter – und haben erhebliche Auswirkungen auf das Leben der Ehegatten und der Kinder auch nach der Scheidung. Diese präjudizierende Wirkung, die nicht unterschätzt werden darf, zeigt sich in einer Reihe von Bereichen:

- Die Kinder bleiben nach der Scheidung meist bei dem Elternteil, bei dem sie schon während der Trennung gelebt haben, und dieser erhält die Obhut. Gemäss dem im Kindesrecht wichtigen Grundsatz der Stabilität sollen den Kindern wenn immer möglich neue einschneidende Veränderungen ihrer Lebenssituation erspart bleiben. Nur wenn sich die bisherige Regelung nicht bewährt hat oder wenn vor allem Jugendliche andere Wünsche äussern, wird die Zuteilung nochmals neu überdacht.

- Hat das Eheschutzgericht die Gütertrennung angeordnet und haben die Eheleute die güterrechtliche Auseinandersetzung noch nicht vorgenommen, wird dies im Scheidungsprozess nachgeholt, und zwar auf den Zeitpunkt hin, auf den seinerzeit die Gütertrennung angeordnet wurde.

- Nur selten wird an der bereits vor geraumer Zeit vorgenommenen Aufteilung des Hausrats noch etwas geändert. Das wird von dem Ehegatten, der

 BUCHTIPP

Alle Punkte, die Sie bei einer Scheidung beachten müssen, finden Sie ausführlich dargestellt in diesem Beobachter-Ratgeber: **Scheidung. Faire Regelungen für Kinder – gute Lösungen für Wohnung und Finanzen.**
www.beobachter.ch/buchshop

beim Auszug im Vertrauen auf die spätere definitive Aufteilung nur wenig mitgenommen hat, oft als ungerecht empfunden.

■ Eine erhebliche Auswirkung für die Zeit nach der Scheidung hat die Unterhaltsregelung. Zwar werden gewisse Anpassungen vorgenommen, vor allem um auch die Altersvorsorge der finanziell schwächeren Seite zu sichern. Ist die Ehefrau nicht erwerbstätig, müssen nun ihre eigenen Beiträge an die AHV und – wenn es die Verhältnisse zulassen – weitere Rückstellungen für die Altersvorsorge berücksichtigt werden. Abgesehen davon ist jedoch mit dem während der Trennung vereinbarten oder gerichtlich festgesetzten Unterhaltsbeitrag die Messlatte gelegt. Hat eine Seite während Jahren mit einer bestimmten Summe gelebt, wird sie im Rahmen des Scheidungsverfahrens nur in absoluten Ausnahmefällen eine Erhöhung erwirken können.

ANNA E. LAG SEINERZEIT VIEL DARAN, die Trennung friedlich durchzuführen. Als ihr Ehemann Rolf massiven Druck aufsetzte, war sie wider besseres Wissen und gegen den Rat ihrer Anwältin bereit, bei der Unterhaltsregelung nur von seinen fixen Einkünften auszugehen und die namhaften Bonuszahlungen zu vernachlässigen. Entsprechend tief fielen die Alimente aus; sie und die Kinder konnten sich deutlich weniger leisten als der Vater. Drei Jahre später, als es im Scheidungsverfahren um die Festsetzung des nachehelichen Unterhalts geht, muss sich Frau E. vom Gericht sagen lassen, dass man keinen Anlass sehe, die während der jahrelangen Trennung gelebte Usanz nun abzuändern.

Die Regelungen für das Getrenntleben haben also eine recht grosse Auswirkung auch für die Zeit nach einer allfälligen Scheidung. Deshalb lohnt es sich, schon zum Trennungszeitpunkt sorgfältig zu überlegen, ob die Lösung, die Sie ins Auge fassen, auch für die weitere Zukunft tragfähig sein kann.

Anhang

⬇ Muster einer ausführlichen Trennungsvereinbarung

Max M., geb. 23. Mai 1974, von Wattenwil/BE
wohnhaft Heuelstrasse 21, 8032 Zürich,
[Ihre Angaben einsetzen]
nachstehend Ehemann
oder Vater genannt

und

Nora M., geb. 22. März 1977, von Wattenwil/BE und Sissach/BL
wohnhaft Heuelstrasse 21, 8032 Zürich,
[Ihre Angaben einsetzen]
nachstehend Ehefrau
oder Mutter genannt

vereinbaren im Hinblick auf ihr Getrenntleben das Folgende:

A. Aufhebung des gemeinsamen Haushalts

Die Ehegatten vereinbaren, den gemeinsamen Haushalt mit Wirkung ab
*[Zeitpunkt einsetzen, evtl.: ab dem Auszug des Ehemanns/der Ehefrau aus der
ehelichen Wohnung, der spätestens bis zum _____ zu erfolgen hat]*
für unbestimmte Zeit aufzuheben.

Variante:
Die Ehegatten vereinbaren, den gemeinsamen Haushalt mit Wirkung ab _____
[Datum] für die Dauer von einem Jahr aufzuheben. Sie werden in dieser Zeit eine
Ehetherapie besuchen und nach Ablauf des Jahres eine Standortbestimmung
vornehmen, um sich über das weitere Schicksal ihrer Ehe klar zu werden. Wird nach
Ablauf der vereinbarten Trennungszeit der gemeinsame Haushalt nicht wieder
aufgenommen, gilt diese Trennungsvereinbarung weiter.

B. Kinderbelange

1. Obhut
Die aus der Ehe hervorgegangenen Kinder,
Vanessa, geb. 6. Januar 2005, und
René, geb. 7. April 2008,
[Ihre Angaben einsetzen]
bleiben für die Dauer des Getrenntlebens unter der Obhut der Mutter und haben
ihren Wohnsitz bei ihr.

2. Betreuung der Kinder durch die Eltern
2.1. Die Eltern und die Kinder einigen sich im direkten Gespräch über die Gestaltung
des gegenseitigen Anspruchs der Kinder und des Vaters auf angemessenen persönlichen Verkehr.

2.2. Falls eine Einigung nicht zustande kommt, gilt folgende Regelung:

2.2.1. Dem Vater einerseits und den Kindern anderseits steht das Recht auf
persönlichen Verkehr zu:
– in geraden Kalenderwochen am Wochenende von Freitagabend nach
  Schulschluss bis am Sonntagabend
– in ungeraden Kalenderwochen am Mittwochnachmittag nach Schulschluss
  bis zum Schulbeginn am Donnerstagmorgen, wobei der Vater die Kinder am
  Mittwoch von der Schule abholt und am Donnerstagmorgen zur Schule bringt;
  [setzen Sie hier Ihre Abmachung ein]
– in Jahren mit gerader Jahreszahl über Ostern sowie über Weihnachten,
– sowie in Jahren mit ungerader Jahreszahl über Pfingsten und über Neujahr

2.2.2. Weiter steht dem Vater einerseits und den Kindern anderseits das Recht auf
persönlichen Verkehr während drei Wochen Ferien im Jahr zu. Der Vater teilt der
Mutter mindestens drei Monate im Voraus schriftlich mit, wann er sein Recht auf
Ferien mit den Kindern ausüben wird. Er hat dabei auf die Ferientermine der Mutter
Rücksicht zu nehmen, sofern ihm diese vorgängig bekannt gegeben wurden.

2.3. Können sich die Eltern über die Kompensation von ausgefallenen Betreuungszeiten nicht einigen, gilt folgende Regelung:

2.3.1. Ausgefallene Betreuungstage können nachgeholt werden, wenn der Grund für
den Ausfall bei der obhutsberechtigten Mutter liegt.

2.3.2. Liegt der Grund für den Ausfall beim Vater, wird er für dadurch entstandenen Betreuungsaufwand und für weitere Auslagen entschädigungspflichtig, sofern er nicht eine anderweitige Betreuung durch eine den Kindern vertraute Drittperson organisiert.

2.4. Die mit der Ausübung des persönlichen Verkehrs verbundenen Kosten übernimmt der Vater.

2.5. Die Parteien werden bei allfälligen Schwierigkeiten in der Ausübung des persönlichen Kontakts im Interesse der Kinder möglichst rasch eine Lösung suchen, dies wenn nötig unter Beizug einer gemeinsam zu bestimmenden Drittperson. Falls sie sich über die zu konsultierende Person nicht einigen können, werden sie sich an das Jugendsekretariat am Wohnsitz des Kindes wenden. Wenn auch diese Bemühungen scheitern, werden sie die Kindes- und Erwachsenenschutzbehörde beiziehen, damit diese nach Art. 307 Abs. 3 ZGB eine geeignete Person bezeichnen kann.

2.6. Die Eltern informieren die Kinder gemeinsam in geeigneter Form über die Trennung und besprechen mit ihnen die in Aussicht genommene Gestaltung der zukünftigen Eltern-Kind-Beziehung.

3. Kinderunterhalt
3.1. Der Vater verpflichtet sich, der Mutter mit Wirkung ab dem Zeitpunkt, in dem der gemeinsame Haushalt aufgehoben wird, für die Dauer des Getrenntlebens an die Kosten des Unterhalts und der Erziehung je Kind einen monatlichen, jeweils auf den Ersten jedes Monats zum Voraus zahlbaren Unterhaltsbeitrag von Fr. _____ zu bezahlen. Dieser Unterhaltsbeitrag setzt sich zusammen aus einem Barunterhalt von Fr. _____ und einem Betreuungsunterhalt von Fr. _____ *[Beträge einsetzen]*. Allfällige vertraglich geregelte oder gesetzliche Familienzulagen überweist der Vater der Mutter zusätzlich.

3.2. An ausserordentlichen Auslagen für die Kinder (wie Zahnkorrekturen, schulische Fördermassnahmen u. Ä.) beteiligt sich der Vater zur Hälfte nach Vorlage der entsprechenden Rechnungen, soweit nicht Dritte, insbesondere Versicherungen, für diese Kosten aufkommen und sofern er vorgängig seine Zustimmung gegeben hat.

C. Eheliche Wohnung, Hausrat und Fahrzeuge

1. Eheliche Wohnung

1.1. Die eheliche Wohnung an der Heuelstrasse 21, 8032 Zürich, wird für die Dauer des Getrenntlebens samt Hausrat und Mobiliar der Ehefrau zur Benützung zugewiesen.

1.2. Der Ehemann verpflichtet sich, die Liegenschaft, spätestens bis _____ *[Datum]* zu verlassen. Ab diesem Zeitpunkt leben die Parteien im Sinn von Abschnitt A getrennt.

Ergänzungen, wenn die Eheleute Eigentümer der ehelichen Wohnung/Liegenschaft sind:
1.3. Sofern der Ehemann unter vollständiger Entlastung der Ehefrau die Verzinsung der bestehenden Hypothekarschuld (derzeit geschuldetes Kapital: Fr. _____ *[Betrag]*) übernimmt, wozu er ausdrücklich berechtigt ist, wird ihm das Recht der Verrechnung mit den gemäss Punkt D geschuldeten Ehegattenunterhaltsbeiträgen eingeräumt.

1.4. Sämtliche weiteren mit dem ordentlichen Unterhalt und dem Betrieb der Liegenschaft verbundenen Kosten übernimmt die Ehefrau. Ausserordentliche Reparaturen, die im Einzelfall den Betrag von Fr. _____ *[Betrag]* übersteigen, übernehmen die Ehegatten im Verhältnis von _____ *[Verhältnis]*, wobei der Ehemann vor Auftragserteilung seine Zustimmung zu erteilen hat.

2. Hausrat und Fahrzeuge

2.1. Über die Gegenstände, die der Ehemann für die Dauer des Getrenntlebens zur Benützung mit sich nimmt, verständigen sich die Parteien ausserhalb dieser Vereinbarung.

Variante:
Der Hausrat und das Mobiliar in der vormals ehelichen Wohnung wird der Ehefrau und den Kindern zur Benützung zugewiesen. Davon ausgenommen sind diejenigen Gegenstände, die in der angehefteten, beidseitig unterzeichneten Liste (Annex 1) aufgeführt sind und die die Ehefrau dem Ehemann auf erstes Verlangen zur Benützung herausgibt.

2.2. Jeder Ehegatte behält das von ihm bis anhin gefahrene Fahrzeug zur weiteren Benützung und trägt die damit verbundenen Kosten selbst.

3. Haustiere

Der Hund Nero bleibt während des Getrenntlebens bei der Ehefrau, die für eine artgerechte Tierhaltung besorgt ist. Die Kosten der Tierhaltung (Futter, Tierarzt etc.), die die Ehegatten mit Fr. _____ *[Betrag]* pro Monat festgesetzt haben, wurden im Bedarf der Ehefrau berücksichtigt.

D. Ehegattenunterhalt

1. Der Ehemann verpflichtet sich, der Ehefrau mit Wirkung ab seinem Auszug für die Dauer des Getrenntlebens einen monatlichen, jeweils im Voraus auf den Ersten jedes Monats zahlbaren Unterhaltsbeitrag von Fr. _____ *[Betrag]* zu bezahlen.

2. Diese Unterhaltsregelung beruht auf folgenden Bemessungsfaktoren
[Ihre Zahlen einsetzen]:

Nettoeinkommen des Ehemanns:	Fr. _____
Nettoeinkommen der Ehefrau:	Fr. _____
Lebenshaltungskosten des Ehemanns gemäss Annex:	Fr. _____
Lebenshaltungskosten der Ehefrau und der Kinder gemäss Annex:	Fr. _____
Betreuungsanteil Ehefrau (in Prozent eines vollen, von Montag bis Freitag dauernden Arbeitspensums)	_____ %
Betreuungsanteil Ehemann (in Prozent eines vollen, von Montag bis Freitag dauernden Arbeitspensums)	_____ %

3. Jede Partei ist berechtigt, bei einer erheblichen und dauernden Änderung der in der Aufstellung aufgeführten Bemessungsfaktoren eine Neuberechnung des Unterhaltsbeitrags zu verlangen. Beide Parteien verpflichten sich, den Ehemann bzw. die Ehefrau über Veränderungen auf der eigenen Seite zu informieren und ihm oder ihr Einsicht in die massgebenden Unterlagen zu gewähren. Die vorstehende Unterhaltsregelung bleibt indessen auf jeden Fall so lange in Kraft, bis sich die Parteien neu geeinigt haben oder ein anderslautender gerichtlicher Entscheid vorliegt. In letzterem Fall wirkt die Abänderung der Trennungsvereinbarung auf den Zeitpunkt des Einreichens des gerichtlichen Begehrens zurück. Eine weitere Rückwirkung ist ausgeschlossen.

Ergänzung, wenn die Trennung voraussichtlich länger dauern wird:
4. Die Unterhaltsbeiträge für die Kinder und die Ehefrau beruhen auf dem Landesindex der Konsumentenpreise des Bundesamts für Statistik, Stand _____ von _____ Punkten (Basis Dezember 2015 = 100 Punkte). Sie werden jeweils auf den 1. Februar, erstmals auf den 1. Februar _____ , nach Massgabe des

Indexstands per Dezember des vorangegangenen Jahres nach folgender Formel angepasst *[Ihre Angaben einsetzen]*:

$$\text{neuer Betrag} = \frac{\text{ursprünglicher Unterhaltsbeitrag}}{\text{ursprünglicher Index}} \times \text{Index per Dezember des vorangegangenen Jahres}$$

Weist der Ehemann nach, dass sein Nettoerwerbseinkommen der Teuerung nicht oder nicht in vollem Umfang gefolgt ist, so ist für die Anpassung der Unterhaltsbeiträge für die Ehefrau proportional auf die tatsächliche Entwicklung seines Nettoerwerbseinkommens abzustellen. Ausgangspunkt ist ein Nettoerwerbseinkommen des Ehemanns von Fr. _____ *[Betrag]* (inkl. Anteil 13. Monatslohn).

E. Vermögensrechtliche Anordnungen

Variante 1:
Die Parteien werden sich mit Wirkung per _____ *[Datum]* mit einem separat abzuschliessenden und öffentlich zu beurkundenden Ehevertrag dem Güterstand der Gütertrennung unterstellen.

Variante 2:
Die Ehegatten verzichten auf Dispositionen güterrechtlicher Art.

F. Schlussbestimmungen

1. Den Ehegatten ist die beschränkte Bindungswirkung ihrer aussergerichtlichen Vereinbarung bekannt. Jede Partei ist berechtigt, beim zuständigen Eheschutzgericht eine gerichtliche Genehmigung zu beantragen.

2. Die Parteien übernehmen die mit der Erarbeitung dieser Trennungsvereinbarung verbundenen Anwaltskosten je zur Hälfte.

Zürich, den *[Datum]*   Zürich, den *[Datum]*

[Unterschrift]   *[Unterschrift]*

_____   _____

(Der Ehemann)   (Die Ehefrau)

Nützliche Adressen

Eheberatungsstellen

AG IEB – Interkonfessionelle
Ehe- und Paarberatung
Bezirk Baden
Zürcherstrasse 27
5400 Baden
Tel. 056 222 44 80
www.ieb-baden.ch

Jugend-, Ehe- und Familienberatung im Kanton Aargau
Mit Beratungsstellen in den Be-
zirken; Suche nach den Beratungsstellen mit Eingabe der PLZ auf der
Website
www.jefb.ch

Jugend- und Familienberatung
Untere Wasengasse 45
5080 Laufenburg
Tel. 062 874 18 34
www.gvlfbg.ch/jfb

Ökumenische Eheberatungsstelle
Lenzburg – Freiamt – Seetal
Alte Bahnhofstrasse 1
5610 Wohlen
Tel. 056 622 92 66
www.eheberatung-wohlen.ch

Ökumenische Paarberatung
– Bezirk Brugg, Laufenburg und
  Rheinfelden
  Stapferstrasse 2
  5200 Brugg
  Tel. 056 441 89 45

– Rheinfelden
  Coop-Center
  Bahnhofstrasse 26
  4310 Rheinfelden
  Tel. 061 831 11 37
  www.oekberatung.ch

Regionale Beratungsstelle jfep
Wiggertal, Suhrental
Hintere Hauptgasse 9
4800 Zofingen
Tel. 062 751 20 20
www.jfep.ch

Regionale Ehe- und Paar-
beratungsstelle
Bezirk Aarau
Jurastrasse 13
5000 Aarau
Tel. 062 822 43 43
www.eb-aarau.ch

AI/ Beratungsstelle für Ehe-, Familien-
AR und Lebensfragen
– Kasernenstrasse 15
  9410 Heiden
  Tel. 071 352 33 05
– Walter Feurer
  Tel. 071 220 87 54
  www.eheberatung-ostschweiz.ch
  (→ Appenzell AR)

BE Beratungsstellen Ehe Partner-
schaft Familie
- Marktgasse 31
  3011 Bern
  Tel. 031 311 19 72
- Bahnhofstrasse 16
  2502 Biel
  Tel. 032 322 78 80
- Kirchbühl 26
  3400 Burgdorf
  Tel. 077 404 70 32
- Reckholderweg 28C
  3645 Gwatt
  Tel. 033 221 45 75
- Freiestrasse 2a
  3800 Interlaken
  Postadresse: Schloss-Strasse 18
  3800 Interlaken
  Tel. 033 822 25 20
- Wiesenstrasse 7
  4900 Langenthal
  Tel. 078 628 45 53
  und 079 263 83 70
- Dorfstrasse 5
  3550 Langnau i.E.
  Tel. 034 402 46 11
- Rue Centrale 59
  2740 Moutier
  Tel. 032 493 32 21
- Frutigenstrasse 29
  3600 Thun
  Tel. 033 222 56 88
- Amt Konolfingen
  Hauptstrasse 9
  3512 Walkringen
  Tel. 079 443 20 78
  www.berner-eheberatung.ch

Ehe- und Familienberatung für
Stadt und Kanton Bern
Aarbergergasse 36
3011 Bern
Tel. 031 312 10 66

Sozial-, Ehe- und Familienberatung
der Industrie
Marktgasse 36
4900 Langenthal
Tel. 062 922 51 88
www.proitera.ch

BL/ Beratungsstelle für Partnerschaft,
BS Ehe und Familie der evangelisch-
reformierten Kirche BL
Hauptstrasse 18
4132 Muttenz
Tel. 061 461 61 77
www.paarberatung-refbl.ch

Ehe- und Partnerschaftsberatung
Hofackerstrasse 3
4132 Muttenz
Tel. 061 462 17 10
www.paarberatung-kathol.ch

Familien- und Erziehungsberatung
Greifengasse 23
4005 Basel
Tel. 061 686 68 68
www.fabe.ch

Frauenplus Baselland
Büchelistrasse 6
4410 Liestal
Tel. 061 921 60 20
www.frauenplus.ch

FR Paar- und Familienberatung
Freiburg
Avenue de la Gare 14
Case postale 1131
1701 Freiburg
Tel. 026 322 10 14
www.officefamilial.ch

GL Partnerschafts-, Familien- und
Sexualberatung
Asylstrasse 30
8750 Glarus
Tel. 055 646 40 40

GR Eheberatung des kinder- und
jugendpsychiatrischen Dienstes
Masanserstrasse 14
7000 Chur
Tel. 081 252 90 23
kjp-gr.ch

Paar- und Lebensberatung
Reichsgasse 25
7000 Chur
Tel. 081 252 33 77
www.paarlando.ch

LU CONTACT Jugend- und Familienberatung
Kasernenplatz 3
Postfach 7860
6000 Luzern 7
Tel. 041 208 72 90
www.contactluzern.ch

Ehe-, Lebens- und Schwanger-
schaftsberatung
Hirschmattstrasse 30b
6003 Luzern
Tel. 041 210 10 87
www.elbeluzern.ch

Sozialberatungszentrum SoBZ
– Amt Entlebuch, Wolhusen, Ruswil
Hauptstrasse 13
Postfach 165
6170 Schüpfheim
Tel. 041 485 72 00
– Amt Luzern
Obergrundstrasse 49
6003 Luzern
Tel. 041 249 30 60
– Region Hochdorf
und Sursee
Bankstrasse 3b
Postfach 694
6281 Hochdorf
Tel. 041 914 31 31
– Region Willisau-Wiggertal
Kreuzstrasse 3B, Postfach 3239
6130 Willisau
Tel. 041 972 56 20
www.sobz.ch

NW Kantonaler Sozialdienst
Engelbergstrasse 34
Postfach 1243
6371 Stans
Tel. 041 618 75 50
www.nw.ch

Ehe-, Lebens- und Schwanger-
schaftsberatung Luzern
siehe unter LU

OW Ehe-, Lebens- und Schwanger-
schaftsberatung Luzern
siehe unter LU

SG Ehe- und Familienberatung
Bahnhofstrasse 14
9450 Altstätten
Tel. 071 755 46 44
www.eheberatung-ostschweiz.ch
(→ Altstätten)

Ehe- und Familienberatung
Städtchenstrasse 65
7320 Sargans
Tel. 081 723 37 67
www.eheberatung-sargans-
werdenberg.ch

Beratung bei Paar-, Familien-
und Lebensfragen
Schreinerstrasse 1
9000 St. Gallen
Tel. 071 223 64 46
www.eheberatung-ostschweiz.ch
(→ St. Gallen 2)

Beratungsstelle für Familien
Frongartenstrasse 16
9000 St. Gallen
Tel. 071 228 09 80
www.familienberatung-sg.ch

Evangelisch-reformierte Paar- und
Familienberatung
Oberer Graben 31
9000 St. Gallen
Tel. 071 220 88 00
www.eheberatung-ostschweiz.ch
(→ St. Gallen 1)

SH Beratungsstelle für Ehe-, Partner-
schafts- und Lebensprobleme
Frauengasse 24
8200 Schaffhausen
Tel. 052 632 75 74
www.partnerschaft-
schwangerschaft-sh.ch

Beratungsstelle für Ehe- und
Lebensfragen
– Fehrenstrasse 12
4226 Breitenbach
Tel. 061 781 34 49
– Solothurnstrasse 32
2540 Grenchen
Tel. 032 652 19 22
– Hammerallee 19
4600 Olten
Tel. 062 212 61 61
– Rossmarktplatz 2
4500 Solothurn
Tel. 032 622 44 33
www.velso.ch

SZ Sozialpsychiatrischer Dienst
des Kantons Schwyz, Fachstelle
für Paar- und Familienberatung
c/o triaplus Integrierte Psychiatrie
Uri, Schwyz und Zug
– Beratungsstelle Goldau
Centralstrasse 5d
6410 Goldau
Tel. 041 859 17 37
– Beratungsstelle Pfäffikon
Oberdorfstrasse 2
8808 Pfäffikon
Tel. 055 410 46 44
www.triaplus.ch

TG Perspektive Thurgau
Felsenstrasse 5
Postfach 297
8570 Weinfelden
Tel. 071 626 02 02
www.perspektive-tg.ch (→ Paar-,
Familien- und Jugendberatung)

Thurgauische Evangelische
Frauenhilfe
Bahnhofstrasse 5
8570 Weinfelden
Tel. 052 721 27 46
www.tef.ch

UR Verein Frauenpraxis Uri
Gotthardstrasse 14a
6400 Altdorf
Tel. 041 870 00 65
www.psychotherapie-uri.ch

VS Dachverband der SIPE-Zentren
Rue de l'Industrie 10
1950 Sion
Tel. 027 327 28 47
www.sipe-vs.ch
SIPE Beratungszentren
– Matzenweg 2
  3900 Brig
  Tel. 027 923 93 13
– Avenue de la Gare 38
  1920 Martigny
  Tel. 027 722 66 80
– Avenue du Théâtre 4
  1870 Monthey
  Tel. 024 471 00 13
– Place de la Gare 10
  3960 Sierre
  Tel. 027 455 58 18

– Rue de l'Industrie e 10
  1950 Sion
  Tel. 027 323 46 48
– Susten 3
  3952 Susten
  Tel. 027 473 31 38

ZG Paar- und Einzelberatung leb
Industriestrasse 9
6300 Zug
Tel. 041 711 51 76
www.leb-zug.ch

Paar- und Familienberatung der
Frauenzentrale Zug
Tirolerweg 8, 6300 Zug
Tel. 041 725 26 66
www.frauenzentralezug.ch

ZH Jugend- und Familienberatung
kjz Pfäffikon
Pilatusstrasse 12
8330 Pfäffikon
Tel. 043 258 97 70
www.ajb.zh.ch
(→ Kinder- und Jugendhilfe)

Öffentliche Beratungsstelle
Bezirk Meilen
Bahnhofstrasse 12
8708 Männedorf
Tel. 044 790 12 22
www.paarberatung-bezirkmeilen.ch

Paarberatung Bezirk Uster
Zentralstrasse 32
8610 Uster
Tel. 044 994 57 47

Paarberatung und Mediation im
Kanton Zürich
– Bahnhofplatz 11
8910 Affoltern am Albis
Tel. 044 761 11 55
– Bahnhofstrasse 48
8180 Bülach
Tel. 044 860 83 86
– Bahnhofstrasse 12
8708 Männedorf
Tel. 044 790 12 22
– Schulstrasse 36
8105 Regensdorf
Tel. 044 840 07 77
– Gotthardstrasse 36
8800 Thalwil
Tel. 044 722 27 66
– Zürichstrasse 12
8610 Uster
Tel. 044 940 97 42
– Guyer-Zeller-Strasse 21
8620 Wetzikon
Tel. 044 933 56 00
– Markusstrasse 23
8400 Winterthur
Tel. 052 213 90 40
– Birmensdorferferstrasse 34
8004 Zürich
Tel. 044 242 11 02
www.paarberatung-mediation.ch

Zentralstelle für Ehe- und Familienberatung
Hildastrasse 18
8004 Zürich
Tel. 044 242 96 60
www.zefzh.ch

Rechtsberatung, Suche nach Anwalt und Mediatorin

Beobachter-Rechtsdienst

Das Wissen und der Rat der Fachleute in
acht Rechtsgebieten stehen den Mit-
gliedern des Beobachters im Internet
und am Telefon zur Verfügung. Wer kein
Abonnement der Zeitschrift oder von
Guider hat, kann online oder am Telefon
eines bestellen und erhält sofort Zugang
zu den Dienstleistungen.

- ■ www.guider.ch: Guider ist der digi-
  tale Berater des Beobachters mit
  vielen hilfreichen Antworten bei
  Rechtsfragen.

- ■ Telefon: Montag bis Freitag von
  9 bis 13 Uhr, Fachbereich Familienrecht Tel. 043 444 54 04

- ■ Kurzberatung per E-Mail Link zu
  den Fachbereichen unter: www.
  beobachter.ch/beratung (→
  Beratung per E-Mail)

- ■ Anwaltssuche: Vertrauenswürdige
  Anwältinnen und Anwälte in Ihrer
  Region unter www.beobachter.ch/
  beratung (→ Anwaltssuche)

Viele Bezirksgerichte unterhalten
Rechtsauskunftsstellen. Erkundigen Sie
sich an Ihrem Wohnort.

Rechtsberatung erhalten Sie zudem bei
einigen Eheberatungsstellen (Seite 220)
und bei den Adressen unter «Beratung
für Frauen» (Seite 227), «Beratung für
Männer» (Seite 229) sowie «Beratung

für binationale Paare, Hilfe bei
Kindesentführung» (Seite 231).

Anwälte und Anwältinnen
Demokratische Jurist_innen der
Schweiz (DJS)
Schwanengasse 9
3011 Bern
Tel. 078 617 87 17
www.djs-jds.ch
Mitgliederlisten mit Spezialgebieten

International Academy of Family
Lawyers
www.iafl.org
Anwälte, die sich im internationalen
Scheidungsrecht auskennen

Schweizerischer Anwaltsverband (SAV)
Marktgasse 4
3001 Bern
Tel. 031 313 06 06
www.sav-fsa.ch
– Anwaltssuche: → Anwaltssuche →
  Beizug eines Anwalts → Onlinesuche
– Fachanwälte: → Anwaltssuche →
  Fachanwalt/Fachanwältin SAV
– Mediation: → Anwaltssuche →
  Mediator/Mediatorin SAV
– Rechtsauskunftsstellen der kantona-
  len Anwaltsverbände: → Rechtsaus-
  kunft → Rechtsauskunftsstellen

Familienmediation
Schweizerischer Dachverband Mediation
Burgernzielweg 16
3000 Bern 31
Tel. 031 398 22 22
www.mediation-ch.org

Schweizerischer Verein für Familienmediation (SVFM)
Burgunderstrasse 91
3018 Bern
Tel. 0431 556 30 05
www.familienmediation.ch

Auch der Beobachter vermittelt auf
Anfrage Mediatorinnen und Mediatoren.

Finanzielle Fragen

Erste Anlaufstelle bei finanziellen
Problemen ist das Sozialamt Ihrer
Wohngemeinde (zu finden unter
www.ch.ch, als Suchwort «Behörden-
adressen» eingeben → Adressen der
Gemeindeverwaltungen).
Dort erhalten Sie auch die Adresse des
kantonalen Sozialdienstes.

www.ahv-iv.ch
Informative Seiten der AHV
– Adressen der Ausgleichskassen:
  → Kontakte

www.arbeit.swiss
Informationen zur Arbeitslosenversiche-
rung und Adressen der Regionalen
Arbeitsvermittlungszentren (RAV)

Budgetberatung Schweiz
Weinstrasse 10
6285 Hitzkirch
Tel. 079 664 09 10
www.budgetberatung.ch
Merkblätter, Budgetvorschläge und
Adressen von Beratungsstellen

Bundesamt für Sozialversicherungen
Effingerstrasse 20
3003 Bern
Tel. 058 462 90 11
www.bsv.admin.ch
Informationen zu den Leistungen von
AHV, Pensionskasse, Unfallversicherung
und zu den Familienzulagen

Bundesamt für Statistik
www.bfs.admin.ch
(→ Statistik finden → Preise →
Landesindex der Konsumentenpreise)
Aktueller Indexstand und Teuerungs-
rechner für die Anpassung der Unterhaltsbeiträge

Beratung für Frauen

CH Evangelische Frauen Schweiz (EFS)
Scheibenstrasse 20
Postfach 189
3000 Bern 22
Tel. 031 333 06 08
www.efs.ch

Frauenzentralen der Schweiz
Sekretariat: Frauenzentrale
St. Gallen
Tel. 071 222 22 23
www.frauenzentrale.ch
Adressen aller schweizerischer
Frauenzentralen

Schweizerischer katholischer
Frauenbund (SKF)
Zentralsekretariat
Postfach 7854
6000 Luzern 7
Tel. 041 226 02 20
www.frauenbund.ch

AG Frauenberatungsstelle Aargau
Vordere Vorstadt 16
5000 Aarau
Tel. 062 824 45 44
www.frauenhilfe-ag.ch
(→ Beratungen)

Frauenhaus Aargau – Solothurn
Tel. 062 823 86 00
www.frauenhaus-ag-so.ch

BE Frauenberatungszentrum
Aarbergergasse 16
3011 Bern
Tel. 031 312 31 20
www.frauenberatungszentrum.ch

Frauenhaus Bern
Tel. 031 332 55 33
www.frauenhaus-bern.ch

Frauenhaus Biel
Tel. 032 322 03 44
www.solfemmes.ch

Frauenhaus Thun – Berner Oberland
Tel. 033 221 47 47
www.frauenhaus-thun.ch

Infra Bern Frauenberatungsstelle
Zentrum 5
Flurstrasse 26B
3014 Bern
Tel. 031 311 17 95
www.infrabern.ch

Lantana
Fachstelle Opferhilfe bei sexueller
Gewalt
Aarbergergasse 36
3011 Bern
Tel. 031 312 12 18
www.lantana.ch

Stiftung gegen Gewalt an Frauen
und Kindern
Aarbergergasse 36
3011 Bern
Tel. 031 312 12 88
www.stiftung-gegen-gewalt.ch

BL/ Beratungsstelle und Opferhilfe für
BS gewaltbetroffene Frauen
Steinenring 53
4051 Basel
Tel. 061 205 09 10
www.opferhilfe-beiderbasel.ch

Frauenhaus Basel
Tel. 061 681 66 33
www.frauenhaus-basel.ch

FR Frauenhaus Freiburg
Tel. 026 322 22 02
www.sf-lavi.ch

GE Solidarité Femmes Genève
Rue de Monchoisy 46
1207 Genève
Tel. 022 797 10 10
www.solidaritefemmes-ge.org

GR Frauenhaus Graubünden
Postfach
7001 Chur
Tel. 081 252 38 02
www.frauenhaus-graubuenden.ch

LU Frauenhaus Luzern
Tel. 041 360 70 00
www.frauenhaus-luzern.ch

NE Frauenhaus Region Neuenburg
Case postale 2366
2302 La Chaux-de-Fonds
Tel. 032 886 46 36
www.frauenhaus-schweiz.ch
(→ La Chaux-de-Fonds)

SG Frauenhaus St. Gallen
Postfach 645
9001 St. Gallen
Tel. 071 250 03 45
www.frauenhaus-stgallen.ch

TI Consultorio delle donne
Via Vignola 14
6900 Lugano
Tel. 091 972 68 68

Casa Armònia, Tenero
Tel. 0848 33 47 33
www.associazione-armonia.ch

VS Unterschlupf für Frauen und Kinder
in Not
Postfach 686
3900 Brig
Tel. 079 628 87 80
www.unterschlupf.ch

ZH Beratungsstelle, Nottelefon für
Frauen – gegen sexuelle Gewalt
Langstrasse 14
8004 Zürich
Tel. 044 291 46 46
www.frauenberatung.ch

Evangelischer Frauenbund Zürich
Sozial- und Rechtsberatung für
Frauen
Brahmsstrasse 32
8003 Zürich
Tel. 044 405 73 35
www.vefz.ch
(→ Beratungsstellen für Frauen)

Frauenhaus und Beratungsstelle
Zürcher Oberland
Postfach 156
8613 Uster
Tel. 044 994 40 94
www.frauenhaus-zuercher-
oberland.ch

Frauenhaus Winterthur
Tel. 052 213 08 78
www.frauenhaus-winterthur.ch

Frauenhaus Zürich Violetta
Tel. 044 350 04 04
www.frauenhaus-zhv.ch

Frauen Nottelefon Winterthur
Tel. 052 213 61 61
www.frauennottelefon.ch

Stiftung Mütterhilfe
Beratungsstelle
Zeughausstrasse 60
8004 Zürich
Tel. 044 241 63 43
www.archezuerich.ch

Zürcher Frauenzentrale
Am Schanzengraben 29
8002 Zürich
Tel. 044 206 30 20
www.frauenzentrale.ch/zuerich

Beratung für Männer

IGM Schweiz
Interessengemeinschaft geschiedener
und getrennt lebender Männer
Postfach
5000 Aarau
Tel. 062 844 11 11
www.igm.ch

Mannebüro Luzern
Unterlachenstrasse 12
6005 Luzern
Tel. 076 393 33 12
www.manne.ch

mannebüro
Hohlstrasse 36
8004 Zürich
Tel. 044 242 08 88
www.mannebuero.ch

Beratung für alleinerziehende Eltern

Schweizerischer Verband alleinerziehender Mütter und Väter (SVAMV)
Postfach 334
3000 Bern 6
Tel. 031 351 77 71
www.svamv.ch
Dachverband der Alleinerziehenden und
von Fachorganisationen für die Ein-
elternfamilie

Verein für elterliche Verantwortung
(VeV)
Postfach 822
5200 Brugg
Tel. 056 552 02 05
www.vev.ch

Beratung für Kinder und Jugendliche

Informationen erhalten Kinder direkt
unter Tel. 147 oder www.147.ch

Onlineberatung für Kinder und Jugendliche unter www.tschau.ch oder
www.look-up.ch

Kinderschutz Schweiz
Schlösslistrasse 9a
3008 Bern
Tel. 031 384 29 29
www.kinderschutz.ch

Mädchenhaus Zürich
Postfach 1923
8031 Zürich
Tel. 044 341 49 45
www.maedchenhaus.ch

Marie Meierhofer Institut für das Kind
Pfingstweidstrasse 16
8005 Zürich
Tel 044 205 52 20
www.mmi.ch
Beratung, Anhörungen, Gutachten,
Kinderanwaltschaft

Schlupfhuus
Schönbühlstrasse 8
8032 Zürich
Tel. 043 268 22 66
www.schlupfhuus.ch

Schlupfhuus, Kinderschutzzentrum
St. Gallen
Claudiusstrasse 6
9006 St. Gallen
Tel. 071 243 78 02
www.kszsg.ch

Jugendberatungsstelle oder Jugendsekretariat der Wohngemeinde

Beratung für binationale Paare, Hilfe bei Kindesentführung

ARGE Integration Ostschweiz
Rorschacher Strasse 1
9004 St. Gallen
Tel. 071 228 33 99
www.integration-sg.ch

Beratungsstelle für binationale Paare
und Familien
Steinengraben 69
4051 Basel
Tel. 061 271 33 49
www.binational.ch

Beratungsstelle für Familien
Binationale Beratung
Frongartenstrasse 16
9000 St. Gallen
Tel. 071 228 09 80
www.familienberatung-sg.ch
(→ Angebote)

Familienberatung Fopras
Beratungsstelle Basel
Nauenstrasse 71
4002 Basel
Tel. 061 271 78 50
www.fopras.ch

frabina, Beratungsstelle für Frauen
und binationale Paare
Kapellenstrasse 24
3011 Bern
Tel. 031 381 27 01
www.frabina.ch

IG Binational
Postfach 3063
8021 Zürich
Tel. 079 416 67 22
www.ig-binational.ch

Kindesentführungen

Bundesamt für Justiz
Zentralbehörde zur Behandlung
internationaler Kindesentführungen
Bundesrain 20
3003 Bern
Tel. 058 463 88 64
www.bj.admin.ch (→ Internationale
Kindesentführungen)

Fondation Suisse du Service Social
International
9, Rue du Valais
1211 Genève 1
Tel. 022 731 67 00
www.ssiss.ch

Beobachter-Ratgeber

Bodenmann, Guy; Fux Brändli, Caroline: **Was Paare stark macht.** Das Geheimnis glücklicher Beziehungen. 6. Auflage, Zürich 2017

Bräunlich Keller, Irmtraud: **Job weg.** Wie weiter bei Kündigung und Arbeitslosigkeit? 4. Auflage, Zürich 2018

Dacorogna-Merki, Trudy, Dacorogna, Laetitia: **Stellensuche mit Erfolg.** So bewerben Sie sich heute richtig. 15. Auflage, Zürich 2017

Döbeli, Cornelia: **Wie Patchwork-familien funktionieren.** Das müssen Eltern und ihre neuen Partner über ihre Rechte und Pflichten wissen. Zürich 2013

Fux, Caroline; Bendel, Joseph: **Das Paar-Date.** Miteinander über alles reden. 3. Auflage, Zürich 2018

Haas, Esther; Wirz, Toni: **Mediation – Konflikte besser lösen.** 5. Auflage, Zürich 2015

Richle, Thomas; Weigele, Marcel: **Vorsorgen, aber sicher!** So planen Sie Ihre Finanzen fürs Alter. 4. Auflage, Zürich 2018

Ruedin, Philippe; Bräunlich Keller, Irmtraud: **OR für den Alltag.** Kommen-tierte Ausgabe aus der Beobachter-Beratungspraxis. 12. Auflage, Zürich 2016

Schmidt, Volker: **Gemeinsames Sorge-recht.** Rechte und Pflichten – zum Wohl des Kindes. Zürich 2017

Strebel Schlatter, Corinne: **Wenn das Geld nicht reicht.** So funktionieren die Sozialversicherungen und die Sozial-hilfe, 3. Auflage, Zürich 2018

Studer, Benno: **Testament, Erbschaft.** Wie Sie klare und faire Verhältnisse schaffen. 17. Auflage, Zürich 2017

Trachsel, Daniel: **Scheidung.** Faire Regelungen für Kinder – gute Lösungen für Wohnen und Finanzen. 18. Auflage, Zürich 2017

Von Flüe, Karin: **Eherecht.** Was wir beim Heiraten wissen müssen. 11. Auflage, Zürich 2015

Von Flüe, Karin: **Paare ohne Trauschein.** Was sie beim Zusammenleben regeln müssen. 8. Auflage, Zürich 2016

Von Flüe, Karin; Strub, Patrick; Noser, Walter; Spinatsch, Hanneke: **ZGB für den Alltag.** Kommentierte Ausgabe aus der Beobachter-Beratungspraxis. 14. Auflage, Zürich 2016